子育てが終わらない

「30歳成人」時代の家族論

小島貴子＋斎藤環

青土社

子育てが終わらない　目次

子育てが終わらない

「30歳成人」時代の家族論

はじめに

「子育てが終わって楽になりました」「子どもから手が離れて一安心です」。そんな言葉は耳にするが、「子育てが終わらずに苦しいです」「子どもを独立させるにはどうしたらいいのですか?」という話は、世間では大きな声としては聞くことがあまりない。

本当にそうだろうか?

日本には、「子ども」という年代とは思われない成人を「子ども」として扱わざるを得ない状況が実際には決して少なくない。

愛すべき存在である子どもの状態が親の苦しみとなり、わが子、夫婦、家族全体の関係が厳しくなり日常が薄氷を踏むようなものとなっている。

社会では、このような親の苦しさに対し理解がいまだに薄く、どこか深層では冷ややかに「子育ての失敗」「甘やかし」という見えない非難の目で親子を突き放してはいないだろうか？

あえて聞きたい。子育てが終わるということは、何を基準にするものだろうか？

私自身は、行政、教育の現場で就労困難な方々の支援を行って20年が過ぎた。

就労支援は、単に求職者と求人を結びつけて完結するものではない。求職者には、仕事が見つからないという表層的な問題以外に様々な問題が内在していることが多々ある。予期せぬ人生のつまずきにストレスを抱え仕事から離れていく人たちや、仕事を見つけたいのだが自身の状況を整理し難い人たちの心理的な負担を軽減しながらサポートを行えるのが、日本のキャリアカウンセラー、キャリアコンサルタントという職業である。

私はこの就労支援の現場で日本のひきこもり家庭と出会った。

特に30代を迎えているひきこもり状態の家族を持った親の負担は想像以上のものであった。ひきこもりの高齢化が進むということは、親も当然高齢になっている。親が子どもを養育するということは、金銭的なことだけでなく、精神的にも社会的な視線など多くのストレスが発生している。

ひきこもりの親は自分を責めている。「私の子育ては失敗だった」と問題を抱えこんでしまう。子どもに対して無力になった自分を責め、そして意思の疎通が難しくなった関係は膠着《こうちゃく》が続き、問題の解決の糸口が見えてこないまま時を重ねていく。

視点を変えて、行動を変えて、と口で言うのは簡単だが、そう簡単には変わらないのが人間なのではないだろうか？

しかし日本には、ひきこもりの支援のＮＰＯ（民間非営利団体）や支援者が随分増えてきた。ひとりでも多くの家族が家族間の問題を第三者の専門家へ委ねることに躊躇《ちゅうちょ》しないで、行動へ移すようになってほしい。

第三者へ相談することにも精神的な負担感を持つことだろう。しかし、誰も悪くない。誰も親を責めない。どうやったら、皆が楽になるかを一緒に模索し提案してくれるのだ。

硬直し長期化したケースが一気に好転することを期待するのではなく、現状から一歩踏み出し少しずつ精神的な余裕を生活の中に取り入れて欲しい。

精神科医の斎藤環先生は「社会的ひきこもり」を日本ではじめて世に訴えた人であり、

つねに臨床の現場から状況を改善すべく発信をされている。

私と斎藤先生は、「ひきこもりという子育て状態をどう終わらせることができるのか?」というテーマで幾度となく話をしてきた。子育てとは、子どもの自立と親の役割の降り方。降りるために見直す親子関係、夫婦関係に焦点を当て語り合ったものをまとめた。

親自身が人生を振り返り、子どもから大人になる過程には、それぞれの場面において役割や環境の中での関係が変わってきたことをあらためて思い起こして欲しい。

夫婦の関係も赤の他人の男女が出会い、恋人という時代もあったであろう。その時は「彼」「彼女」としてそれぞれを思い男女として付き合うだけで良かったかもしれない。しかし夫婦という関係になるとそれは社会的にも新たな役割が生まれる。また家族関係で女性は夫の親には「嫁」という立場で関係し、社会的には「誰誰の妻」という立場になり、単に夫と妻という2人だけの関係では済まなくなる。さらに子どもが誕生すれば当たり前だが家族の関係に親子という役割も生まれる。

このように男女が出会って家庭を持つということは、多面的な関係と複数の役割が生じるということで、それぞれの状況、立場、役割に応じた関係構築をしなければならない。

しかし、実際にはそううまくは立ち回れるものではない。母親の立場になれば弱者であるわが子を守り育てることが自分の生活の主軸になり、妻や女という家庭内での役割は自然と後回しになることが多いのではないだろうか？　夫へも父親としての役割と子どもとの関係を優先してほしいと願うケースが少なくない。気がつくと自分たちの夫婦関係での役割が薄れているということが生じる。この自分の役割が状況や関係で変化することをうまく理解し、その時々で関係のメンテナンスを行うことが必要であることを本書の対談で確信した。

私は、あらためて自分の仕事であるキャリアカウンセリングで重要な人生の転機が子どもの成長期にも随所にあり、ここを注視することで子どもと親との役割と関係を成長と転機で見直すということができるという新しい気づきを得ることができた。

本書でひとりでも多くの親子が新しい関係構築への一歩を踏み出すきっかけとなればと切に思う。

二〇一二年初夏　文京区白山にて

小島貴子

新装版に寄せて

『子育てが終わらない』は、精神科医の斎藤環先生と高齢化、長期化していく「ひきこもり」の支援において、親はどうすべきなのか？　という会話をする中から生まれた本だ。長年、ひきこもり支援をしてきた私たちの中で、親が楽になれば子どもも楽になるのでは？　という感触があったものの、実際の親たちは、自分を厳しく責め、子どもへの贖罪を持っているように見受けられた。どの親もわが子の健やかな成長と社会的な自立のために、様々な教育支援を行っている。しかし、その子育てが「永遠」に終わらないということは、おかしいのではないかという私の投げかけを斎藤先生へしてみた。

子育ての終わり。それはいつなのか？　なぜ、子育ての終わりを決めなければならないのか？　子育てが終わるまでに、何をすべきなのか？　子育てが終わらない親は、どうしたらいいのか？　正解のない問いである。子どもの責任をすべて親が背負うという風潮の強い日本社会だからこそ、子育てを終えるということは、更に重要になってきたようだ。

二〇一九年一月　小島貴子

第1章

成熟について

肯定することからすべてははじまる

子どもが30歳になるまで子育てを?!

斎藤 この「子育てが終わらない」という企画の趣旨からご説明させていただきたいと思います。

小島貴子先生とは、7年くらい前に福島でシンポジウムがありまして、そこで最初にお会いしました。小島先生はカリスマキャリアカウンセラーで、当時は立教大学の准教授をされていたわけですが、私はひきこもりの専門の精神科医ということで立場は異なります。ただ、若者支援の方法論などを突き合わせていきますと、意外なほど共通点が多く、また学ばせていただくことが多いことに驚いたわけです。その後も何度か講演会などでご一緒させていただいたときにたくさんのヒントをもらって、まるで私のアイディアのように（笑）、活用させていただいたこともたびたびありました。

結局、ひきこもり対応のポイントはやっぱり親子関係なんですよね。親が子にどう接するかということがテーマになりやすい。かたや、小島先生がなさっているキャリアカウンセリング、これは私の仕事と対象があまりに共通するので驚くのですけれど、いまニートやひきこもりをしているご本人や親御さんのカウンセリングを定期的になさっていて、そこでやっぱり家族関係の調整をされています。私は立場上、ちょっとキツめの指示的対応になってしまいがちな一方で、小島先生は非常にソフトで温かい接しかたで対応されている点は違うと思いますが。

接しかたの違いはありますが、子育てや自立、あるいは就労支援といった分野において、いくつもの点で共鳴できるところ、あるいは学ぶべきところがあるんですね。それで、いつかこういう機会があればと考えていたところ、たまたまこういう本の企画が小島先生のほうからあったというわけです。

「子育てが終わらない」というタイトルは、もともとは「30歳までの子育て」というものでした。こう言うと読者の方はびっくりするかもしれませんが、ひきこもりやニートの子どもを抱えている親御さんの多くは、わが子が30歳、あるいは40歳を過ぎても、まだ「子育て」を続けています。そういう意味では、現代の「子育て」期間は、実質的に30歳までくらいを想定せざるを得ないのかもしれません。

子育てが終わらないとどうなるか。ずっと「親は親、子どもは子ども」という役割関係が固定されて、延々と親が「しつけ」をしていく。それで、そのしつけに子どもが反発してまたこじれるということが繰り返される。いったいどうやったら終わらせることができるだろうと、ずっと頭を悩ませてきたのですが、今回はまさにそのど真ん中のテーマを小島先生に出していただきました。

これは類書もほとんどないテーマです。小さいころの子どもについての子育て本はいっぱいありますが、そうではなく、その後の思春期以降・青年期以降の「子育て」に関しては、事実上存在しないものだと思われているんですよね。

それはたぶん、見たくない現実だと人々が思っているせいもあるのでしょう。でも、実際には皆それを続けていくほかはない。どうせやる以上は、うまくやるためのきちんとした指針はあったほうがよいのではないかと私はかねがね思っていたんですが、ちょうどタイムリーにこの企画が出ましたので喜んで参加させていただきました。どちらかと言えば、私は聞き役になるかと思いますが、どうぞよろしくお願いいたします。

小島　よろしくお願いいたします。長期化しているひきこもりの問題を斎藤先生とお話しする機会をいただいて分かってきたことのひとつが、いまは「ひきこもりの〝子ども〟」という言葉がもうふさわしくない状態だということです。また、社会的共生ができにくい状態にあることは事実だとしても、それぞれが生活を営んでいるのに、どうしても世間はひきこもりの状況の者に対して、ネガティヴに、厳しく扱いすぎているとも思っていました。

子が40代で親御さんが70代を超えているというようなケースがけして珍しくなくなってきたところで、「ひきこもりの子ども」という言葉でくることに私のなかでは少し違和感を感じていたんですね。「私の子どもはひきこもりなんです」と親御さんが言うので、おいくつですかと聞いたら「42歳です」と言ったときのように、それを（ひきこもりの）子どもというふうに捉えていくには、あまりに親御さんの精神的な負担が大きすぎます。

そこで、これは子育てが終わっていないんだと、子どもの自立のタイミングを見つけられなかったんだというふうに見かたを変えてみたんですね。そこからいろいろなものが見えてきて、その話を斎藤先生にしましたら、それでは、ひきこもりが長期化して、子どもがどんどんと世間的には「いい大人」と言われる年齢になっていっても社会につながっていないという状態をどういうふうに私たちは捉えるのかということで対談をやりましょう、となりました。

成熟するのに時間がかかる社会になった

小島　いま「精神年齢は7掛け」とも言われはじめており、年齢に7掛けすると30歳は21歳。そして、いま平均寿命が80歳を超えています。20歳で成人し、あとの60年以上を大人とするわけですが、成人前の20年間は大人の社会に入るまでの土台としては、あまりにも短い助走ではないかなと思っているんですね。

　昔は、集団のなかでの社会性や自我というものが出てはじめて青年期とされ、成人式を迎えたものと思います。ですが、いま20歳までの間で集団性や自我などの確立のタイミングというのは充分に足りているのだろうかという気がしているんですけれども、斎藤先生はどう思われますか？

斎藤　成熟が遅れているというのは、私はある意味必然的な流れだと思っています。先進諸国においてはほぼ共通の問題と言えるでしょうね。そこにはいろいろな要因があります。まず、先進国であるほど教育期間が延びるという傾向が指摘されていますね。大学や大学院への進学率も高まって、すでに日本では高等教育（大学、短大、通信制など）への進学率が81・1パーセント（２０１１年）です。それこそ30歳くらいまでなら、平然と学生生活を続けられます。１９９０年代の大学新設ラッシュは失業対策という意味もあったと聞きますけれど、たしかにこれはうまい方法で、ご本人も親御さんもそれほど不安を感じずに就労を先送りできる。教育期間が延びるということ自体は必然的な流れと言えます。

成熟が遅れるという事態は、精神医学的に言うとモラトリアム（猶予期間）が延長することですね。つまり、自己決定しなくてよい期間のことです。自己決定というのは事実上、就労のことですから、それをしなくてよい期間が、教育期間とほぼパラレルに延びる。

これが結局、発達心理学者で精神分析家のE・H・エリクソンの言うアイデンティティ（自己同一性）の確立の遅れになるわけですね。エリクソンは境界例の増加などにアイデンティティ拡散の危機を感じ取って、ここからその概念を導くわけです。つまり成熟、すなわちアイデンティティの確立が困難な時代になって、はじめてこの概念が見出された点は象徴的ですね。

かつてのように子どもがすぐ労働人口に組みこまれる時代であれば、成熟の遅れなどとは言っていられなかったわけですけれども、豊かな社会になってきて、社会的なインフラが整備されていきますと、急いで成熟しなくてもよくなる。社会心理学者のマスグローブは、「青年期は蒸気機関とともに発明された」と指摘しています。いわゆる成熟社会とは、社会のインフラが整備されて、ハンデがある人でもひとりで生きていきやすい社会のことでもあります。未成熟さもハンデのひとつと考えるなら、成熟社会は未成熟に対して寛容な社会とも言えます。

こういった変化自体はすごくよいことだと思っています。ただ、何にでも副作用はともなうもので、自己決定を延ばし延ばしにしているうちにひきこもってしまったり、「自分探し」にはまってしまう人たちが出てきたりするのも必然なんですね。私はこの変化を「社会が成熟化すると個人は未成熟化する」と捉えています。

小島　もうひとつ、集団のなかで自己をどう見つめ、またどのように表現し、どの群に入るかが幼少期からしんどいということがあります。

子育てに関して言うと、子どもが育っていくときに、「落ち着いてね」だとか「ゆっくり考えて」だとか言えなくなり、子ども自身の自己決定に関しての時間というものが奪われているのではないかと思います。

私も息子を2人育てましたが、「早く早く」と言っていました。「早く決めなさい」「早くしなさい」と。子どもは、ああでもない、こうでもないといろいろ社会に目を移し、興味を持ち、考えるのですけれども、親の私たちが忙しい生活に追われることで、子どもの時間もすごくせわしなくさせているなと思います。

私の息子が3歳のあるとき、「見て見て」と言ったんです。それで息子を見たら、積み木を並べていました。それで彼は私に「見て見て」と。いま考えればたいして忙しくないんですけれども、私は家事をしていたのでぱっと振り返って「見たよー」とだけ言いました。そうしたら、息子がもすごく悲しそうな顔をして、「もういい」と言いました。

その意味が最初は分からなかったんですけれど、その後、教育機関で働くために勉強していたときに、はっと気づいたんです。そのとき息子は「見て」という言語しか持っていなかったんですが、あれは冷静に考えたら、ただ単にそこに並べた積み木を見てと言ったのではない。いまうちの息子は28歳になったんですが、いまの彼の言語をもって言えば、こう言ったと思いますね。「母さん、家事をやっているところ申し訳ないんだけれど、ちょっとぼくを見てほしい。ここ1週間くらいこの積み木を並べるのにはまってるんだけど、今日は色もいいし、高さもいいし、非常によくできていて、1週間のぼくの成長を母さんはどう思う？」　たぶんそういうことだと思うんですね（笑）。

ところが、親の私はいま目の前にある現象しか見ていなくて、息子のこだわっていたものや、成長のプロセスというものは見ていない。3歳の子というのは、よく聞くとこう言うんですね。「見て見て」と「聞いて聞いて」と「自分で自分で」。これは子どものなかにいつもある言葉です。これを大人が捉えていくと、子どもは安心して、斎藤先生が先ほどおっしゃっていた自己決定ができるんだと思うんですね。

「決められない」若者というのは、いままでの育成のなかで、何かを決めてよいという場をもらえていなくて、そして一方で「早く早く」と言われているので、どうしようかな、こうしようかなという迷う時間を充分に持てずにきたのではないかなという気がしてしかたがないんです。

だから私のところに就労の相談に来ている人たちというのは、「よい結果を早く決めなければならない」という思いに縛られている。自分で決められたものであればよいというふうにはならなくて、皆がよいと思う決断が最善であって、自分で決めてよいのだという発想を持っていないと思います。

「成人」の定義が変わってきている

小島　いま「30歳で成人」ということを打ちだすと、たぶんいろいろな方が「ええっ、そんなに」と思うかもしれません。ですが30年くらいの余裕は必要ではないかと思っています。ですから、それに対応した社会を、と思います。

成長社会から成熟社会へと移っていくなかで、いま厚生労働省も若者支援において、若者という言葉の定義を「おおむね34歳」までとしていたのが、ここ数年「おおむね39歳」までにしています。期間が延びています。だからこそ、社会のなかでも「早く大人にする」という発想を少し見直してもよいのではないかというふうに私は発信したいなと思っているんですが、斎藤先生いかがでしょうか。

斎藤　数年前ですけど、法務省などで成人年齢引き下げの議論がいっとき盛んになされていました。成人年齢を18歳にしましょうという議論で、私は反対だったのでそのことをコラムに書いたら、何と私しか反対している人がいなかった（笑）。多くの「識者」は全員賛成でしたが、賛成している方の議論は非常に単純なんですよね。ほかの国もそうだから日本でも、みたいな感じでたいした根拠はないわけです。

もうひとつ、賛成派の論点は、「若者に責任感を持たせ、自覚をうながす」みたいな話だったりするんですけど、これもまったくナンセンスだと思います。それじゃあ、現時点で若者は20歳で責任感を持って自覚していますか？　それがまず第一点。

そもそも社会、というか世間が、20歳の若者を成人として見ていない。それはいまの「荒れる成人式」を皆が喜んで見物しているのを見るとよく分かりますよね。成人した若者の未熟なふるまいを楽しんでいるんですから。つまり、成人式で若者が大人になるとか、誰もそんなことを信じていないわけです。あれはお役所がやっている同窓会みたいなものなので、成人式自体がとうに形骸化してしまっている。この状況で成人年齢を18歳にしたところで、いま高校を出たての若者を大人と見る人がどれだけいるかといったら、まあほとんどいないでしょう。

ただ、法制度上は成人扱いされてしまうということで、18歳になったことを理由として、家から出されて居場所をなくすなど、逆にひどい目に遭う若者たちが増える可能性が高まります。社会全体が若者の成熟を認めていない段階で、法律上でだけ成人年齢を引き下げたら、むしろ若者の弱者化と社会的排除がいっそう進んでしまう懸念があります。

私はむしろ成人年齢を上げるべきだという提案をしました。だいたい25歳ぐらいにまで上げるべきだと。それに関してはたしか石原慎太郎都知事も賛成してくれたんですよね（笑）。なぜかは分かりませんが、いまの若者は未熟だという視点に立つなら、こちらの発想のほうが自然であるのかもしれません。

成人年齢は実質は30歳くらいだと思いますし、もっと本音を言うと、ほんとうは40歳くらいではないかと思います。30歳はまだヒヨっ子と言いますか、その自覚があまりない。30歳くらいの若者はおそらく「大きくなったら何になろうかな」くらいのことはきっと考えていると思います（笑）。40歳くらいでやっと、しょうがねえなという感じでしぶしぶ成人するというあたりが現実ではないか。ただ、そうなると成人年齢を際限なく延ばさなくてはならなくなってきますから（笑）。現実的な目標としては、成人年齢30歳はさすがに社会が許容しないでしょうから、25歳くらいがぎりぎり上限かなと思っています。

ご指摘のとおり日本の法律は変で、20歳で成人としておきながら、政府の若者対策はどんどん対象年齢が延びていますよね。39歳まで支援しますということは、日本の社会では実質39歳まで若者だという意味になります。こんなことをやっているのは日本ぐらいのものなので、だいたいどこの国でも若者支援は25歳くらいを上限にしているところが多いと思います。

これには日本の特殊な事情があります。海外の若者の社会不適応というのは、要するにホームレス化のことです。だから彼らには直接支援ができる。個人個人に対して直にアプローチができるから、25歳までという割り切った捉えかたができる。日本の場合、社会から排除された若者はだいたい家のなかにひきこもっているため、アウトリーチ（訪問支援）を含む直接の支援が難しい。相談窓口で待機するタイプの支援になりやすいので、30歳、40歳を過ぎてからの支援を求めてやってくる人がどうしても多くなる。だから必然的に対象年齢はどんどん高齢化せざるを得ないわけですね。

親世代の意識も変わってきている

斎藤　そういった違いはけっこう深刻ですが、たぶんこれから親の意識も変わってくると思います。これから成人しようとする若者を抱える親世代の側においても、明らかに意識の変化が起こりつつある。
旧世代の親御さんは子どもがどんな状況になっても抱えこんでいくというか、悪く言えばしがみついていて、よく言えば腹をくくって最期まで面倒を見ようという覚悟があったように思うんですけれども、こうした姿勢が一方ではひきこもりを生んだという側面もあります。ですが、新しい親世代ではだんだんそういう意識も減ってきて、むしろ親御さんは子どもにちょっと問題があるとわりとあっさり見捨ててしまう。

実際に追い出したりする親はまだ少数派だと思いますが、子どもというのは、親の意識が自分から離れてこの家に居場所がないと分かると、それだけで家を出てしまうこともあります。そういった意味では、今後、日本では若者のホームレス化が進んでいくのではないかという懸念も実は持っています。一気にひきこもり化からホームレス化へと転回するのではないかと。

そういった意味で両面から、つまり、子どもを延々と抱えこみそうな家族に対しても、あるいは子どもを変な段階でほっぽりだしそうな家族に対しても、「30歳で成人」という現実をベースとした子育ての指針というものがほんとうに大事になるのではないかと思っています。小島先生は親御さんの意識の変化というものについては、どう感じていらっしゃいますか？

小島　私はある仮説を持っていて、市町村単位で、ていねいにきめ細かく家庭のなかに少し立ち入って、ひきこもり支援や就労支援をしないと解決できないと思っているんですね。

ある関東の市でも相当数のひきこもりやニート状態の若者がいて、市の職員はこの若者たちに何とかセミナーを行いたいと思ったんですが、そういう方たちにセミナーの情報を与えても絶対に響きません。そこで、もしかしたら親が来るかもしれないということで、「カウンセリング」という言葉にしたんですね。そうしたら、やっと親御さんが出てこれました。それで親御さんの気持ちを楽にさせていくと、お子さんにも変化が出てきました。

それで、いま斎藤先生がおっしゃったように、高齢化しているお子さんの親御さんは自分たちを罰するんですね。「私の子育てが悪かった」とか「夫が子どもに何も関わらなかったから」とか、誰か悪者を探し出して、子どもを抱えこむんです。でも、不登校からひきこもりになった子どもの場合には、親御さんはまだ40代くらいですが、「どこかよいところにこの子どもを相談しに行けば解決するんですよね」とくるのです。

この違いは何かと言うと、どちらも何とかしたいというのは同じなんですが、いちばん苦しんでいて、いちばん問題のところを解決しないで、どこかに行けば解決すると期待しているところです。たとえ素晴らしい就労支援のＮＰＯとかに預けても、根本的に親子の問題を解決したり、社会的な自尊感情が高まったりしていないと、またもとに戻ってしまいます。

ひきこもり支援の現実的な取り組みかた

小島　やはり、子育ての「終わり」というものが何であるかということを親子できちっと捉えていかない限り、私はこの問題の解決はできないと思っています。

親子であることは変わらないんです。しかし役割において、親が年を取ってきて、子どもに対しての精神的・金銭的な負担が減ってくることによって、親が老後に入るというかたちをつくっていかないと。

斎藤　そうですね。最近、私がひきこもり支援でとくに力を入れているのは「ライフプラン」なんです。ファイナンシャルプランナーの畠中雅子さんらの協力を得て、おもに経済的な、親の定年後に焦点を当てた経済的な生活設計を進めています（畠中さんとの共著『ひきこもりのライフプラン』、岩波ブックレット、２０１２年）。私はやはり、お金こそがいちばんはっきりした具体的な指針たりうると思うので、現在の資産状況でどれだけやっていけるのか、あるいは本人が就労した場合、その見通しがどのように変わっていくのかということについて検討し、アイディアを出しあっていくことを大切にしています。これはひきこもりの話ですけど、これに限らず、成人した子どもとはもっとお金の話をしたほうがいい。日本の家庭の3大タブーは「お金」「死」「性」の話題だそうですが、お金の話を避けるのは、要するにわが子を半人前扱いしている、ということなんです。

それともう一点、小島先生が先ほどおっしゃったように、就労支援は市町村単位で、というのは非常に同感できます。いま、若者向けの窓口としては、地域若者サポートステーションという機関（厚生労働省委託事業）があるんですけれども、だいたい各都道府県に2箇所くらいしかなくて使いづらいですね。たとえば千葉県だって人口が多いわりに3箇所しかなくて、しかも場所が偏っている（北西部の市川市・柏市、中西部の千葉市）。そういう分布では地域格差が温存されてしまいます。むしろ自治体ごとにそういった窓口があって、しかもいわゆる「中間労働」のように、作業所よりはレベルが高いけれど一般的な職場よりは負担が軽いという中間的な場所が普及すれば、けっこう有意義な就労施設ができると思います。

実際、そういう実践が秋田県の藤里町《ふじさとまち》で行われているのを、ジャーナリストの池上正樹さんが報告なさっていました。人口の8パーセント以上がひきこもり（高齢者含む）であるという町で、そこで「こみっと」という中間労働の場所を含む拠点を作って支援をはじめ、一定の成果を挙げているということです。

「気持ちを楽にする」というレッスン

小島　いまの斎藤先生のお金の話というのは、私も同意見なんですけれども、子どもに向かって「お金がなくなったらどうするの？」とか脅し的な会話をする方が多いんですね。

斎藤　そうそう、それは駄目です。完全に逆効果。子どもを追い詰め、自暴自棄にするだけです。

小島　「あたしが死んだらどうするの？」とか言うと、子どもは「自分も死んじゃう」って言ったり。まだ言葉で言えばよいですけれども、何も言わずにその場から立ち去るというのが多くて。

斎藤先生ともよくそう言うんですけど、おしゃべりなお母さんの子どもはあまりひきこもらないですね。「おしゃべり」と「命令」というのは違うんですよ。指示的な会話が多いと、親の指示以外のことをしたら自分が認められないと思うので、考えることを子どもが放棄してしまうケースが多いんですね。ところが、「どう?」とか「見て見て」とか、そういうちょっと幼児性のあるような会話をしていると、自分の感情や発想が出たりします。

また、これはあまりよいパターンではありませんが、経済的に、あるいは生活的に少しだらしないお母さんだと、お子さんはわりとしっかりしていることが多いですね(ただし生活保護世帯だと、親子で生活保護に依存してしまうこともあるので、その場合は除きますが)。働きながらも、生活面で子どもの助けを借りているお母さんとかだと、けっこう子どものほうが社会的にしっかりしてくるというパターンはあります。

親子関係で言うと、私は「無駄な」会話のなかでの「感情を引き取る」会話がとても大事だと思っています。「こうしなさい、ああしなさい」ではなくて、「あなたはどう思うの?」とか「あなたはどう感じたの?」とか、感情に刺さる言葉を持つということです。

それは、ひきこもり支援でカウンセリングをするときに私自身が多用する言葉なんですね。「お母さん、そのときどう思われました?」とか、「お母さん、どんな感じでした?」とか、そういうしかたで感情を出してもらうんです。

我慢しているお母さんたちは、自分の感情を言葉に表したりすることがけっこう苦手なんですが、それを拾っていくと、終わりに「今日いろいろお話をさせていただいたんですけれど、どんな感じでしたか？」と聞いたとき、ほとんどの方が「何だかすっきりしました」と言われます。「私、気持ちを楽にしてほしいなって思ったんです」と言うと、「楽になりました」と言われるんですよ。

「ぜひ今日お家に帰ったら、何気なく〝私は今日カウンセリングを受けて気持ちが楽になった〟と、それだけ言ってみてください」と私は必ず言います。すると、子どもはお母さんの気持ちを重くしているのは自分だと思っているので、そのお母さんが少し気持ちが楽になったと言うと、ほっとするんです。つぎに、自分も楽になりたいと思って、何回かカウンセリングをしているうちに、ご本人が登場してくるケースもあります。

ですので、親子の間では「気持ちを楽にする」というレッスンがとても重要です。ただ、言いかたがちょっと変なんですけど、そのためにはちゃんと「これから私はあなたになるべく気持ちを伝えようと思う」とか宣言をしないと。急に何かを変えてしまうと、子どものほうがどぎまぎしてしまうんですね。

斎藤　「気持ちを楽にする」というのはまったく同感で、どういうふうにすれば楽になるかというのがいちばんのテーマになるかと思います。おっしゃるとおり、まず先に親御さんが楽になるということは十分ありだと思います。子どもは、表向きは親に敵対して憎まれ口を言ったりしますが、それでも半分くらいは「親に負担をかけている」という引け目や罪悪感を持っている。親が楽になると、その部分が救われるということはありますね。

本人は、しばしば治療者やカウンセラーを自分の敵だと思いこんでいますので、そういう警戒心を解くためにも、まずお母さんが楽になるというのは、ひょっとしたら自分も楽にしてもらえるかもしれないという気持ちから本人の受診行動につながりやすいというメリットがあると思うんですよね。

子どもと「くだらない会話」をすることこそが大事

斎藤 ちょっと話が戻りますが、コミュニケーションにおける「おしゃべり」の意味についてです。これは私の持論でもあるんですけれど、コミュニケーションの達人というのは、要するに「無意味な会話をいくらでもできる人」のことなんです。
逆に言うと、意味のある会話というのは誰でもできるわけです。そうではなくて、情報量の低い会話を延々とできるかどうか。これがコミュニケーションのスキル（あまり好きな言葉ではありませんが）です。情報量の低い会話というのは、私はよく「毛づくろい的コミュニケーション」と呼んでいます。要するにそれは、「私とあなたは親密な関係ですよ」ということを再確認するためだけの会話ということですね。だから、中身はなくていいわけです。

これは子どもたちも親密な関係のなかではやっています。子どもたちがやっている毛づくろい的コミュニケーションというのは、お互いのキャラを確認しあうためだけのコミュニケーションのことです。これを延々とやっているのが中高生の日常だったりするんですけれども、家庭内でもそういう会話を心がけてほしいんです。

ちょっと話がそれますけれど、アスペルガー症候群という障害があります。これはざっくり言いますと、知能の高い自閉症です。知能が高いですから普通に会話はできます。すごくおしゃべりなアスペルガーの人もいるんですよね。じゃあ彼らは何が苦手かと言うと、まず第一に、相手の身になることができない。相手の立場に立って、相手がどう考えるだろうかということが想像できない。これは基本的な認知能力の欠如ですね。そしてもうひとつ、情緒的な交流ができない。相手の感情を読み取ったり、自分の感情を適切に表現したりすることができない。この2つの問題があります。

ここから言えることは、われわれのコミュニケーションでいちばん大事なのは、情報ではなくて、相手の身になること、そして情緒的な交流だということなんですよ。それができないということがこの発達障害の基本的な障害であると言われます。ただ、私は最近の「発達障害診断ブーム」はいささか行き過ぎだと思っていますから、これはたとえ話として聞いてください。それができない人はアスペルガーだと言いたいわけではまったくありませんので。

情緒的な交流の能力は、成熟の証でもあります。コミュニケーションによって相手の情緒を適切に読み取れる、もしくは自分の情緒を適切に表現できるというのが成熟の証なわけです。子どもは「情報の伝達」はできても、「情緒的な交流」は適切にはできません。大人の複雑な情緒表現にはついていけませんから。私が精神科医として成熟度を測る場合にはそれを見ます。

もうひとつ見るのは欲求不満耐性です。つまり何か欲しいものがあったり、不満があったりするときにどれだけ「待てる」か、というものです。この2つの指標で見ますけれども、ひきこもりの人は欲求不満耐性は一般に強いですね。ものすごく我慢強いです。そのかわりコミュニケーション能力が低い。もしくはそれが低いと思いこんでいて、ほんとうにそうなってしまうかのどちらかです。

ならば、コミュニケーション能力をいかに伸ばすか。まずは家族間で試みることです。

私の工夫としては、まず「本人からは距離のある話題」を選ぶようにしてもらいます。

反対に、本人に距離が近すぎる話題というのはどういうものかと言うと、多くの親御さんがいちばん聞きたい質問、「あなたはほんとうは何がしたいの？」というような質問のことです。「いつまでひきこもっているの？」「いつから働くの？」といった質問も、禁句中の禁句で、そういういちばん重い話、いちばん重要な話は親の側から持ち出すべきではないんです。本人から持ちかけてきた場合はその限りではありませんけれど、一般論としては、あまり核心に触れる話はするべきではない。

目指すべきは「冗談が言える」、あるいは「弱音が吐ける」ような関係です。そのために必要なのは、それこそ「くだらない話」、「たわいもないおしゃべり」です。芸能界の話題とかスポーツの話題とか、要するに本人と関係のない話です。親御さんがよく「この子はそういうくだらない話はいくらでもするんですけど、ほんとうに大事な話には口をつぐんでしまって……」とか言うんですが、それでいい、それこそがいいのです。そうやって気楽におしゃべりができる関係が続いていくと、ほんとうに大事な話もいずれ自分のほうからしてくるようになりますから、それは流れにまかせていいんです。

でも親御さんはそれが不満でじりじりしてきて、それこそ「早く早く」と、もっと大事な話を、と待ちわびているわけですけれども、同じ家でずっと暮らしているので、考えていることは基本的に一緒なんですよね。一緒であるがゆえに、近すぎるがゆえに見えなくなってしまっている。これは請け合ってもいいですが、本人は親の心配はとっくに分かっています。そこはそういうものとして、信じていただきたい。

それこそ浅い会話、軽いおしゃべり、これらを延々とやっていただければいいと私は思うんですが、実はどうも私自身もそれがあまり得意ではない（笑）。それで、たぶんこのあたりに関しては、小島先生がよい知恵をお持ちではないかという期待を込めてちょっと伺ってみたいと思うんですが、何かこういうくだらない会話をするコツというのはありますか？

小島　（笑）。「評価」をしないことですよね。子どもがひきこもりの状態にあるなど、子育てが難しいというときのお母さんの相談者は必ず、「うちの子はいい子なんです」と、何とか子どもの評価の底上げをしようと思うんですね。

それに対して私は、「そのことはよく分かります。ですがお母さん、お子さんを評価するということは、この場ではやめていいですよ。あるがままのお子さんの状態を私に伝えてください」と言います。そこの部分がなかなか難しいんですね。なぜかと言うと、やはり他者との比較があるから。いちばんしんどいのは親戚やきょうだいとの比較ですね。「いとこの子はこの間結婚したのに」とか、そういう他者との比較によって評価が出るんですよ。それはあまり意味がないじゃないですか、ということを私のほうで言うんですね。

子どもは唯一無二の存在で、裸で生まれてきたわけです。裸で生まれた子が産着を着て、喃語《なんご》（言語獲得以前に発せられる、意味を持たない声）を話して、はいはいをして、そのひとつひとつがいとおしくて、そしてよかれと思ってすべてしてきたことなので、お母さんのやってきたことが間違っているとか、お子さんのやっていることが悪いとかはないんです。なので、まず評価を外しましょうと私は言うんですね。

それで、評価を外すと、さっき言ったように「楽になる」んですよ。「普通にしなきゃ」とか「もういい年なのに」とか、そういうフレームのなかに子どもを入れるから、そこに入っていない子どもは悪いということになる。そういう評価をまず外すことですね。

子どもに「助けて」と言ってみる

小島　ひきこもっている子どもを持つお母さんはしっかりしているんですよ。そういうお母さんは、この子は他人に委ねられないので私がちゃんと長生きしてしっかりしないと、と思っていて、健康管理をすごくがんばってフィットネスとか水泳とかしに行っているみたいなんです。でも、よく斎藤先生に笑われるんですけれど、私はいつもお母さんに「弱ってください」と言うんですね。子どもは自分が親の負担そのものだと思っているので、それを変えてあげるんです。

子どもにいろいろな意味で助けてもらってくださいとお母さんに言っています。「助けて」という言葉で子どもに何かをしてもらい、終わった後に「ああ、助かったよ」と返すことによって、子どもが自分は親を助けることができる存在なんだと思うことができるような会話をするんです。

「あなたじっとして何もしないんだから、こういうことやりなさい！」とかは親御さんはけっこう言うんですけれども、そうした言葉をちょっと、「助けて」という言葉に換えるだけで、子どもの精神的な負担は変わります。そういうことはよくお話ししています。

斎藤　あの、仮病はあまり使わないほうがいいですか？（笑）

小島　いえ、実は「仮病のすすめ」というのをやっていて（笑）、親御さんに腰が痛くなってもらうんです。痛みというのは本人の自覚症状ですから。それで親御さんが「悪いんだけど、ちょっと今日はお風呂の水を抜いて洗うのを手伝ってくれる？」と言うと、「えー」とか言いながらも子どもは手伝うんですね。でもそこで「評価」はしない。「ちょっともっときれいに洗ってよ」とか、いろいろ文句は言わずに、「あー助かったー。今日は腰が痛かったから助かった！　ありがとう」と言うだけで、子どもはものすごく高揚した気持ちになります。

それから、何回かそれをやってくると、自分の役割を家のなかで見つけはじめるんですよね。ですので、お母さんお父さんには、「私が死んだらどうするの？」と脅すのではなくて、「私はどんどん老いてくるけど、あなたがここにいてくれたので、私は助かっている」というような関係性に切り替えることはできませんか、と言っています。

斎藤　まさにそういうことがけっこう会話の上で大事になってくると思います。まあ、「お願い」をするということですよね。助けてほしいというふうに。

ひきこもりとかニートの子どもを抱えるご家庭でのコミュニケーションは、どうしても親御さんの発言が〝上から目線〟になりやすいんです。「世間の常識を教えてあげる」的な意味で。それが本人にとって、いちばん癪《しゃく》に障る。半人前扱いなんだから当然です。でも「助けて」というお願いは上から目線ではないですよね。自分のほうがいまは弱っているから何とかしてほしいということなので、これは受け入れられやすい。

本人をどういうふうに肯定するか

斎藤 もうひとつ付け加えると、「お願い」は暗に本人に対して肯定的なメッセージを含んでいますよね。どんなメッセージかと言うと、「あなたの頼もしい力をあてにしていますよ」というものです。

「評価」の問題について言うと、会話において評価をしないということは、基本的には大事なことなんです。ただ、本人に自信が全然ないという場合、そこは何かしら褒めたいとか肯定したいとかそういった思いがある。だけど、やはりうかつには褒められないんですよ。相手はもういい大人ですから。小さい子どもみたいに、当たり前のことについていちいち「偉いわね」と褒められたりとかしても、「馬鹿にするな！」と怒るだけですよ。褒めかたが難しい。でも肯定はしてほしい。

それではどう肯定するか。その一例が、まさに私がいま申し上げた「お願い」です。それも肯定する方法のひとつなんです。あなたの力をあてにしている、というような肯定。

私はそれを何通りか考えていて、まずいちばん基本なのは「あいさつ」です。あいさつが全然ないお家というのはけっこうありますが、あいさつがスタートラインだと思います。あいさつというのは「敵意のなさ」の表明であると同時に、「存在の肯定」でもあります。まずはここからはじめていただきたい。

そのつぎが「お願い」で、そして「誘いかけ」です。誘いかけというのは、ちょっとそこまでの散歩や、買い物の荷物持ち、あるいは旅行でも何でもよいのですけれども、一緒にどこか行きましょうという声かけです。これも裏に肯定的なメッセージが入っています。「あなたと一緒に何かをしたい」という。

そして、もうひとつは「相談事」です。たぶんこれはいちばん思いつかれにくいことですね。親御さんには本人に、自分の悩みを相談していただきたい。本人はあんがい自分以外のことについてはよい知恵を持っていることがよくある（笑）。なので、親御さんが困りきって相談事をすると、「ああ、こうしたらいいんじゃない」みたいなクレバーな答えが返ってきたりして、とてもそれが役に立つ場合がある。それは大いに評価するべきです。「あなたの知恵や能力をあてにしていますよ」という関係性ですね。

あともうひとつ。「教わる」ということですね。何を教わるか。たとえば、たぶん世代間で知識格差がいちばん大きいのは、パソコンですよね。親御さん世代はまったくついていけない。本人はもう自分でどんどんやってマスターしてしまっている。

ただ、ここで「あなたパソコン得意なんだからお願いね」みたいな丸投げは駄目なんですよ。それは役割分担にしかならない。役割を割り振ってしまったらコミュニケーションできませんから。そうではなくて、「どうやったらいいか分からないから教えて」と言っていただきたい。

そして、教えてもらうときのこのさじ加減も重要で、何でもすぐ「教えて」とやってしまっては駄目なんです。ある程度は自助努力をして、それでも分からないところだけを聞くというのがいちばん受け容れやすい。非常に高度なコミュニケーション能力が必要とされますが、これは親御さんの教育にもなり、本人の自尊心を満足させ、自己肯定感を高めます。つまり直接的な評価ではなく間接的な評価というかたちで何か肯定感を増すことができないかなと考えているんです。

小島　「受けとめる」と「受け入れる」の違いが重要ですね。

本人と会話をしていると都合のよいことばっかり言うんですよ、自己正当化が激しくて。親からするといらいらしたり、勝手なこと言ってるんじゃないよというふうになったりして、親の感情がわさわさ出てきて会話にならないときがあるんですね。

そのときにどうするか。子どもの考えは聞くけど、それをわざわざ全部受け入れて、混在化させる必要はない。「あなたの考えはこういうことなんだね」というところまでを受けとめるんです。

「受けとめる」ことで成熟した会話が生まれる

小島　トレーニングをしてもらうんですね。ここにコップがあるとします。このコップのなかは空っぽです。そのなかに子どもの言葉を入れていくのです。もしいちばん嫌なことを訊くとして、「いまあなたはこれからのことをどう考えているの？」とか。親は自分の感情とか考えとかはあるんですけれど、まずはこのコップのなかにすべて子どもの会話、感情の言葉を入れるんですね。そしてイメージとしては、「ああ、あなたはこういうふうに考えているの。こういうふうに感じているんだね」と、親にも全部吐き出させるんです。そして、お互いに吐き出したものは飲みこまない。これは向こうの感情であって、考えなんです。

そこで、「私の考えを聞いてくれる？　私の気持ちを聞いてくれる？」と言って、自分の感情を伝える。そしてそこに接点があれば、「ここが一緒だったね」と言う。違いがあることは当たり前で、違いがあるから悪いとか、一緒だからよいとかではなくて、子どもには子どもの感情や考えがある、自分にも自分の感情や考えがある、と考える。これを私とのカウンセリングのときにやってもらうんですね。

あるいは、お母さんやお父さんに、たとえば、最近何か腹立たしい政治ネタとかありますかというふうに訊いて意見が違うとき、受けとめるというかたちでやってくださいと言うんです。「ああ小島さんはそういうふうに考えるんですね」と言うところで止めてもらうんですよ。こうしたことが、親子の間でけっこう成熟した会話になるんです。

さっき斎藤先生がおっしゃったように、上から「ずっとひきこもって、何も見ていないくせに！」とか言ったりすると駄目なんです。「なるほどね、あなたはそういうふうに捉えているんだ」と言うことで、私とあなたの考えは違うということのラリーになるんですね。

斎藤　非常に大事なことだと思いますね。まさにわが意を得たりという感じですけれども、とくに政治ネタとかこの辺は会話が紛糾しやすい話題で、たとえば父親と息子はすぐに権力闘争になってしまいます。俺のほうが詳しい、俺のほうがよく知っている、と言わんばかりに（笑）。そこで考えていただきたいのが、いま小島先生がおっしゃった「受けとめる」ということですね。

これはアドラー心理学で言う「アイメッセージ」がよい例になります。「私はこう思う」「私はこう感じた」という言いかたですね。「私はこう思う」という言葉は、相手を傷つけないし、反論を呼ぶこともない。「私はこう思う。あなたはそう思うんだね」というふうに認識を深めあう、これはありなんです。相手を説得しようとする、あるいは負かそうとするから紛糾するのであって、受けとめあうのであれば紛糾しなくて済むし、まさに成熟した会話が成り立つと思います。

これは普段から感情的にならないような心構えを持っていないとなかなか難しいかもしれません。こういう形のやりとりならば、だいたいの話題はO．K．なんですけれども、これができない間はちょっと政治ネタとかは控えたほうがよいかもしれない（笑）。

それからもう一点思ったのは、「受けとめる」と「受け入れる」の違い、とくに傾聴に関してです。本人の訴えを聞く場合ですね。いちばん激しい局面で言うと、それは親御さんに対する不満であったり恨みつらみだったりする場合がけっこう多いんですけれども、こういった話はとにかく聞くことです。とりあえず反論しないで、ひたすら聞く。

本人のなかでは怒りや悲しみ、恨みや引け目などの感情がごっちゃになっていて、文字通り「あることとないこと」を言いつのります。こんなひどい目に遭って辛かったとか、育てかたを間違えたんだから責任取って賠償しろとか言うわけです。で、ここが肝心なんですが、訴えはひたすら聞く、だけど言いなりにはならない。これを区別することですね。言われるままに行動には移さない。

これは言いかたを換えれば、「耳は貸すけど手は貸さない」ということですね。手を貸しはじめるとほんとうに収拾がつかなくなってしまいます。話だけ聞くというのでも随分違いますし、本人の賠償要求みたいなものは、だいたいにおいて自分の感情が収まらないということの表現ですから。

逆に言うと、その望みをあっさり叶えてしまっても絶対に満足できないんですよ。たとえば「100万円よこせ」と言われて、そんなに言うならとポンと100万円置いたりしてしまうと、こんなにあっさりくれるんならもっと請求してやろうとか、そういうふうにこじれていく。本人は親御さんに「ダメージ」を受けてほしいんです。自分の辛さを分からせるために。だから、さらなるダメージを与えるために要求がエスカレートしたりしますから、最初から要求を飲むべきではないんです。

要求を飲まずにひたすら訴えを聞く場合、悩みや苦痛に共感し共有する時間をどれだけとれるかが大事です。その場合の聞きかたに関しては、小島先生とまったく同意見です。ちょっとした工夫で、会話が随分違ってくると思います。

第1章のまとめ

・現在「精神年齢は7掛け」と言われており、30歳でようやく成人。社会が変化し、若者の自己決定に時間がかかるようになった一方で、その自己決定の時と場所が奪われつつある。

- コミュニケーションでいちばん大事なのは情報ではなくて、相手の身になることと情緒的な交流。
- 「あいさつ」「お願い」「誘いかけ」「相談事」「教わる」は、相手を肯定するためのメッセージ。
- 子どもの考えを聞くときは「受け入れる」のではなくて「受けとめる」。子どもの悩みや苦痛に共感し共有する時間をとる。

第2章 夫婦関係について

小さなことから関係性を変えていく

本人に自信をつけさせるにはどうしたらよいか

斎藤　本人の自信の問題についても話してみましょうか。

小島　はい、まず子どもは自信というのを、何かの結果生まれるものと思いこんでいるようです。大学で学生を見ていても、何かをやらないと自信を持ってはいけないと思いこんでいるようです。でも、この自信というのは、体験とかではなく、自分のなかにある自己肯定感からはじまるもので、“I'm O.K.”です。「私は私でいい」と自分を肯定すること。

ところがひきこもっていたり自分に自信のない子たちは、“You're O.K.”（「あなたはいい」）だけど“I'm not O.K.”（「私は駄目」）になってしまうんですね。いちばんよいのは、

「私は私でいい、あなたもあなたでいい」で、ここに持っていかなければいけないんです。

子育ての間に「あなたはあなたでいいんだよ」というメッセージを本人がもらっていないケースでは、どうしても自信を持ちづらいですね。何をやっても不安でしかたがない。そうなると、他者からの承認も疑ってかかって、「そんなことないですよ」と言ったりする。認めたり褒めたりしても、自分で逆のことを一所懸命に言って、それを壊そうとするケースも少なくないのです。

そういうときには、インナーチャイルド（内なる子ども）、つまり誰でも小さい子どものときの自分というものを持っていて、そこが暴れていたりしているので、そこに働きかけるような話しかたにするんです。「どうしてそんなに自分のことをいじめるの？」と語りかけます。そうすると、そういうつもりはないんでしょうけど、「いじめる」という言葉にすごく反応する。「いまそんなにあなたが自分のことを卑下するということは、あなたがあなたのなかにいる自分のことをいじめているってことなの」と私が言うと、本人はそれは嫌だなって思うんですね。

自信というものは他者から与えられるものではなく、自分自身をあるがままに認めることではないか。親ができることは、大丈夫だよと相手を落ち着かせることからはじまるのではないかと私は思っています。

斎藤　ＡＣ（アダルト・チルドレン）の専門家の言葉を借りれば、親がいわゆる「条件つきの承認」ばかりやっていると、子どもの自己愛はいたく傷つけられるわけです。小島先生がおっしゃるように、「私は私でいい」という無条件の自信を獲得するには、やはり親による無条件の承認がしっかりなされる必要がありますね。

自信の問題については、私はいつも「自信」と「プライド」のセットで考えるようにしています。ひきこもりやその周辺の人たちに多い自己愛の問題として、自信とプライドの乖離《かいり》、ということがある。プライドはきわめて高いのに、全然自信がない。

たとえば、そのことがいちばん顕著に現れるのは、病院やカウンセリングに行きましょう、となった場面ですね。親からそう言われると、本人は「いや、自分はおかしくないから行かない」「就職に差し障る」とか言いはじめていっさい行かない。これはプライドの問題です。プライドが高いがゆえに、他者から手を差し伸べられても払いのけてしまう。

ただ、そういったプライドの部分だけを見て、周囲は「プライドばっかり高くて困る」とか「自己中心的でわがままなやつだ」などと批判しがちですが、これは間違いです。実際には、本人の自信は空っぽなわけです。ほとんどゼロに近い。プライドの殻で自信の欠如を懸命に覆い隠しているというのが実情に近いと思います。

もちろん、プライドと自信がほどよいバランスを保つことが理想なわけで、そうであれば意欲を行動に移すことも難しくないはずです。しかし、プライドが高くて自信がないという状態は、いちばん行動が縛られる状態なんです。他人には頼れないし、自分の力で一歩を踏み出すこともままならない。自縄自縛のような感じですね。

ほんとうは本人も、何とか自信を回復したくて必死なんです。しかし残念ながら、彼らはしばしば、自信の回復というのは自分の社会的評価を高めることだと思いこんでいるので、そのためには何か難易度の高い資格を取らなければならないとか、一流大学に入り直さなければならないとか、自信のためのハードルを自分でどんどん高くしてしまう。

非常にまれにではありますが、ほんとうにそういう目標を立てて成功してしまう人もいます。がんばって資格を取ったり、大学に入り直したり。ところが、せっかく目標達成できても、意外なほど自信って回復されないんですよね。これは、なぜかを説明しはじめると長くなるんで省略しますが、おそらく自信というのは、単純に社会的評価だけで強引に高めようとするのは無理があるんです。まさにいま小島先生がおっしゃったように、あるがままの自分を認めることが必要です。

ただ、これははっきり言って非常に難しくて、私は臨床家としてそのテクニックを持っておりません。しかたがなく使っている手段は、そして、普通の人がいちばんの拠り所として用いているのは、やっぱり人間関係です。

私の考えでは、普通の人の自信を支えているのは、自分の「社会的地位」か、自分の「業績」か、もしくはいま自分が持っている「人間関係のネットワーク」です。だいたいこの3つが自信のリソース（源泉）ですけれども、ひきこもっている人はこの3つとも全部持っていないわけですよね。だから自信の持ちようがない。自信がないのは苦しいから、本人は一所懸命自分の社会的ポジションを高めることでそれを挽回《ばんかい》しようとするんだけれども、何しろ難易度が高いうえに、さっきも言ったように確実性も低い。

となると、いちばん手近なリソースは何と言っても人間関係なわけです。実際問題、これは治療的な効用すら期待できます。いまわれわれの病院ではデイケアをはじめ、利害関係の絡まない親密な人間関係が経験できる居場所をいくつか用意して、そこでおしゃべりをしたりミーティングをしたりスポーツやゲームをしたりする機会を持ってもらうようにしています。

そこで実際に親密な関係ができると、さまざまなアクションが起こしやすくなるんです。

家のなかで、ひとりで悶々《もんもん》としながら、「外出しなきゃ」「仕事しなきゃ」などと考えているうちは、ひたすら空回りばかりで行動につながらない。でも、仲間がいるだけで、思ったことが行動に結びつきやすくなるんですね。

たとえば仲間うちの誰かが「俺たちもそろそろバイトしなきゃなあ」などと口にする。これがきっかけになって、けっこう就労の機会に結びついたりすることもあるんですね。思うだけで行動できない状態から、思ったことが行動に移せるようになる。別に就労に限った話ではないのですが、だいたいの方は元気になってくると就労を目指すようになります。もともとうちのデイケアでは就労支援はしないという方針だったのですが、あまりに要望が強いので、希望者のみで就労についてのミーティングを持つこともあります。

いずれにせよ、この親密な人間関係のなかで承認されることで、自信のいちばんの基本となる土台がつくられる。少なくとも私には、この土台にプラスアルファを積み重ねていくという手法しかないと考えています。

ちょっとした変化に目を配る

斎藤　仲間とは違って、家族というのは、ある意味で自分を肯定してくれて当たり前くらいに本人は思っていたりします。もちろん、しっかりと承認を与え続ければ安心はします。けれども、いまひとつ自信につながってはいきにくい。そういう気がするんですがいかがでしょうか。

小島　承認の話をする前にプライドの話をすると、親の持っているプライドの基準というのが子どもにとってけっこう大きな影響を与えるのかなと思います。世間体というのがありますね。世間体としてのプライドがどこにあるかというのが子ども自身の価値判断の基準になっていくんですね。学歴であったりだとか、学校の成績であったりだとか数値化されるプライドの基準を持っている親御さんのお子さんは辛いなというのがありますね。

私は最近、カウセリングで「量と質」という話をするんです。量的なものの判断よりも、質的な内容の判断をしませんか、と。「評価」（第1章を参照）はしたくないんですけれども、どうにも親御さんが量的な部分にこだわっている。「もううちの子どもは40歳なんですよ」とか「私の子どもはこういう学歴を持っていたのに……」とか言う親御さんの意識をどう変えるか。

そのときに、「その〝40〟というのは、量的な40年ですよね？　心の中身をこれからもう１回残りの人生のなかにうまく入れこんでいきませんか？」と言って、その量的な判断基準を外すということをしないと非常に苦しいなと最近思うんです。ですからプライドというか世間から見た評価というものが強固だと、それを外すのはきついなと思っています。

同じように、承認についても、何を承認するかが大切です。親御さんから「３日何かをやったんですよ」とか「４日くらい昼夜逆転の生活が直りました」とか言われることがあります。しかし、けっこうひきこもりの方たちというのは、急激に何かをしたりするときがあるんですけれども、また後退してしまうこともあるので、あまりそこで一喜一憂しないほうがいいですよと言って「量」と「質」の話をするんですね。本人はエネルギー量がいっぱい溜まっているからガーッとやるんだけども、そこでもうつぎの日は外に働きに行くんじゃないかしらというような期待をかけるのではなくて、質的な部分を見ましょうと。

何かを何日やれたということよりも、こんなふうなところに変化が起きたというふうに承認のしかたを変えていかないと、ちょっと厳しいかなと最近思いますね。

斎藤　承認のしかたを変える、ほんとうにそうですね。親御さんがまさに世間的に縛られた価値観で見ていると、社会に向けて実際に動き出さない限り本人は褒められないし、変化が起こったとすら見なされない。むしろ水面下で少しずつ起こっている変化を捉えて評価していくという姿勢も必要でしょう。

ひきこもりの親御さんたちと定期的に会って思うことは、身近にいるからこそ小さな変化に気づきにくいこともある、ということですね。本人のちょっとした変化に気づくことや、場合によってはそれを評価することが大事なんです。本格的に変わらなければ価値がないという思いが親御さんにあると、面接のたびに「今回も変わりませんでした」という言葉の繰り返しになってしまう。

基本的に私は「変わりありません」という報告は聞き流すことにしています。毎回、具体的にどんなふうに過ごしたかを記述していただく。そうすると、前回のカルテ記録とはやっぱり微妙に違っているんですよね。そういう小さい変化に、まず気づくことが大切です。よく気づく親御さんは、そういう違いや変化に明敏な視点を持っていますね。

そうした気づきがどうしても難しかったら、観察日記ではないですけれども、ノートに毎日本人の様子を記録してみて、小さな変化にも気づきやすくしておくというのもひとつの方法だと思います。

　そうした変化の陰で、もし本人が必死で努力しているということが分かった場合には、その点で本人を評価してもよいでしょう。見当外れの評価をしては怒らせてしまいますが、褒めてほしい勘どころを言い当てられたときは、それを嬉しく感じる気持ちもあるはずです。要は、日常のなかの小さな変化にどれだけ目を配れるかということですね。

家を空けてみたら意外な変化が

小島　私がカウンセリングしていた方なんですけれども、お母さんが最初来られて、もう目も伏せているし涙々だったんです。私がまずしなければならないことは、「お母さん、よく来てくれました」と言うことでした。
　ひきこもりの親御さんというのは相談をするのにものすごく心理的な葛藤があってハードルが高いんです。明日はきっと部屋を出ていく、と根拠の薄い、しかし希望の「明日」を待っていて、それであっという間に5年、10年と経っていったということが少なくないのです。なので、私が「よく来てくれました」と言うと、やっぱりここに来ること自体がハードルが高かったという事実を分かってもらえたと親御さんは思ってくれます。

それで、お母さんの話を聞いていると、非常にお父さんを責めていたので、私は「お父さんも、もしかしたらすごく苦しいかもしれませんよ」と。自分に厳しく生きてきた父親だと自分の苦しさとか吐露できないかもしれないので「もしよろしかったらご夫婦でいらっしゃいませんか」という話をしました。夫婦そろってはなかなか難しいのですが、でもそこのお父さんは来てくださったんです。ですから私はちょっとオーバー気味に、「よく来てくださいましたね、ご夫婦で来ていただいた段階で少しずつ変わっていきますよ」と言いました。

何が変わるかと言ったら、ご夫婦の会話が変わります。「私が間に入ることでお2人の会話がきっと変わると思いますよ」とご夫婦に言いました。それで、いろいろお話をして、「ぜひご夫婦で1回家を空けてください」と。「これからの老後は自分たちのための時間にも使ったほうがいいので、子どもがいるからご飯を……、とかそうではなくて家を空けたほうがいいです」と。ほんとうに空けてくれました。非常に素直なご夫婦でして、旅行に行かれたらしいです。

ひきこもりのお子さんにまま見られるケースですが、物を捨てられず城壁みたいに新聞だったりとか箱だったりとかいろいろな物を溜めこむんですね。そこのお宅は段ボール箱を部屋に詰めこんでいて、リフォームもその部屋だけできなかったという悩みを聞きました。けれども、ご夫婦が1泊旅行に行って帰ってきたら、外に段ボールが山積みになっていたんです。

それを見た瞬間にご夫婦は「やったー！」と思ったんですけど、ぐっとこらえて「ああ段ボールを外に出したんだね」と状況だけを言ったところで止めたんですね。これをまた過剰に言うと、子どもも過剰な反応をするので、わりと淡々と言ったわけです。そうしたら、子どもは「うん」と言って、そこから会話がはじまって、「いや、気持ちよくなったよ」「そう、すっきりしてよかったわね」。

誰のためにとかではなく本人のためにやったんだね、と子どもに言うことができたと親御さんが言ってくださったんです。親御さんは、自分たちのああしたらいいのに、こうしたらいいのにという子どもに対する気持ちを少し変えただけで、子どもの態度が変わったと言っています。

まさに承認をする場所はどこなのかということですね。子どもの心のなかにある場所を承認する。非常に難しいかもしれないですけど、子ども自身もいろいろなことを考えています。子どもの心のなかに対して承認することを私が意識してお話ししただけで、いままでは表面的に子どもをジャッジしていたのに、子どもの心のなかに、言葉にしていない、いろいろやりたいこととか困ったこととかがあるんだなと分かってくださったんですね。難しいと思うんですけれども、承認することとは、働きかけだと思います。

斎藤　そうですね。働きかけを通じて承認をしていくという過程こそが、家庭内での承認のひとつの柱になるかと思います。

いま小島先生が出された事例は非常に印象的です。ご両親が一緒に1泊旅行に出かけられて変化が起きた。もちろんその変化が続くかどうかは、その後のご両親の態度いかんによるところが大きいと思うんですけれども、とにもかくにもひとつの大きな変化が起こったわけです。それに、子どもの自意識もそうとう変わったはずですから、これを機会に、新しい家族のありかたへの希望が生まれたと言っていいのではないかと思います。

同じようなことは私もしばしば経験しています。たとえば、あるご家庭でお母さんが病気で1か月入院しました。ようやく病気がよくなって、お母さんが家に帰ってきてみたら、何と子どもが家事をやっていて、険悪だったお父さんとの関係まで改善している。そういった意外な変化が起きるんですね。お母さん方のなかには、やはり「私がいなきゃこの子は……」といった気持ちが強くて、どうしても家を空けられないという方がたいへん多い。ところが、やむを得ず家を空けてみたらよい結果になりました、ということが意外なほどあるんですね。むしろ、悪い結果になった事例がほとんどない。

こういうエピソードは、多くの親御さんに参考にしていただければと思います。家を空けるタイミングにも拠りますけれども、一度は考えていただきたいことのひとつですね。もちろんこれは共依存的なものをどう断ち切るかという話でもあるんですが、留守を本人に任せるという行動も、広い意味では承認に含まれるでしょうから。

夫婦関係と親子関係

斎藤　ちょっと余談になりますが、「30歳までの子育て」というテーマは実は日本だけの問題ではなくて、いまや全世界的なものになってきています。ニートやひきこもりはともかくとして、とくにパラサイト・シングル（学校卒業後も親と同居し、基本的生活を依存している未婚者）はすごく増えていますね。

パラサイト（・シングル）は各国ごとに呼び名があります。韓国では「カンガルー」。カナダでは「ブーメラン」(「出戻り」のこと)。イタリアでは「バンボッチョーニ」(「大きなおしゃぶり坊や」という意味)と言います。

それで、フランスでは何と言うかというと、「タンギー症候群」と言うんですね。これは、『タンギー』(エティエンヌ・シャティリエーズ監督)という映画がもとになっています。2001年に公開されて、フランスではNo.1ヒットになったんですが、おそらく日本では誰も知りません。

これはまさにパラサイト青年を扱ったコメディなんです。ご両親はもう定年を迎えて、そろそろ子どもを追い出して、夫婦だけで仲良く過ごしたいなと思っている。ところが息子のタンギーがなかなか出ていかない。彼は大学院生なので、ずっと家にいて勉強しているんですね。ときどき女の子を連れこんだりして、全然自立する気配がない。両親はあの手この手で家から出て行かせようとして、アパートをタンギーのために借りるんですけれども、彼はひとりになるとパニック発作を起こして、結局帰ってきてしまう。フランスにもこんな男性がいるのかという親近感と、フランスだからこれがコメディになるんだろうという思いもあります。ちょっと日本ではシャレになりませんからね(笑)。

この映画、最終的にはタンギーがたまたま中国人女性と知り合って結婚し、北京かどこかに移り住んで大家族の一員となってめでたしめでたしというハッピーエンドです。世界にはいろいろな家族があっていいよ、というお話ですね。

この映画がなぜ日本で公開されないかと言うと、日本にはありえない家族文化だからだと思います。つまり、定年になったら夫婦で仲良くしましょうねという発想があまりにも乏しいので、日本ではまず共感されないし、ヒットする土壌がない（笑）。なので、公開されませんでした。

でも、こういう家族文化はけっこう大事だと思うんですよね。つまり、子どもは一時期のお客さんであって、成人したら家を出ていくのが当然だとみなす文化。フランスではそういう発想が自然にあるから、こんな映画が受けるわけです。

でも日本の家族文化は「母子密着＋父親疎外」が典型なんです。父親疎外と言ってもたんに仲間外れという意味ではありません。「たてまつる」という疎外もあります。いずれにしても親密なコミュニケーションサークルから仲間外れになってしまう。これがもっとも安定した日本の家族形態です。

このなかでは『タンギー』のようなことは起こりません。何が起こるかと言うと、定年期を迎えたら、お母さんが「ああ、これからお父さんと2人っきりになったらどうしよう」といった不安に駆られてしまうんです。そういうお母さんはどこかで、もうちょっと子どもが家に居てくれないかなとつい願ってしまうことがある。こういう願望があったりすると、それは子どもにも伝わります。これでは子どもの自立がなかなかできないのは当然で、母親の無意識的な欲望が、子どもを縛ってしまうわけです。

これを断ち切るためには、やはり夫婦関係が最大の鍵を握っていると私は考えていて、とくに熟年期を迎えて以降の夫婦関係を見直すということが大切だと考えています。

小島　私が結婚する前に、上司に教訓を受けたんです。「結婚する相手に君は何と呼ばれていて、君は何と呼ぶんだ?」と上司に訊かれたので、私はそのときの呼び名を言ったら、「その呼び名は一生変えないほうがいい」と言われたんですね。

何でですかと訊きましたら、上司は男性なんですが、「男は、妻のことを〝お母さん〟とか〝ママ〟とか言ってしまったら、自分自身が子どもになってしまうから」と答えました。なので、絶対結婚するときに、「私のことを〝お母さん〟とか〝ママ〟とか言わないでくれ」と旦那に言えと。

私はそれをなるほどなと思ったので、夫にそういうふうに言ったわけですよ。そうしたら夫は「いや言わないよ」と言いました。

ところが、子ども2人と夫がインフルエンザにかかって、3人とも39度くらい熱が出たときがあったんですが、息子たち2人が「母さん、母さん、のどが渇いた」なんて言っている横で、夫も「母さん、母さん」って呼びはじめました（笑）。それで私は夫の両親と同居しているので、お義母さんに「呼んでます！」って言って、連れてきました（笑）。

それから夫は私のことを「母さん」とは二度と言わないんですが、そのことはけっこう重要だと思ったんです。うちは下の子には上の子のことを「お兄ちゃん」と呼ばせていますが、それ以外の家族は長男のことを「お兄ちゃん」とは絶対呼ばないと決めています。2人の間には兄弟関係があるけれども、ほかの家族にはそれがないわけですから。呼び名というのは関係性なので、呼びかたにこだわったことはよかったと思っています。

ですから、さっき斎藤先生がおっしゃったように、実は夫婦関係が「お父さん」「お母さん」の関係のままであるために、いまの親子関係から脱却できないのではないかと思うんですね。

「うちの子」と呼ぶことから変えていく

斎藤　いまの話で思い出したのですが、ひきこもりのお子さんが30歳、40歳になっても、お母さんは「うちの子」とか「うちの○○ちゃん」とか呼びますね。昔はけっこう訂正していたんですけれども、何だかもう最近はあきらめ気味で。これはもうしょうがないんでしょうか。

小島　これは意識の問題なんですよね。私もカウンセリングで斎藤先生と同じことを言っていますね。「うちの子」と言うのをやめてみませんか、って。そう言っている間は本人を子ども扱いしていますよと言って、ひとつひとつのことに関して意識や見かたを変えてもらうんです。

それで、変化するのが苦しいというようなことを言われるんですよ。「先生、そんなこと言ったって、もう長年言ってきてるんですから難しいですよ」って。そこで魔法の言葉として、「変化することで、成長と新しい喜びに出会えますから」と言うんです。そうでないと、役割意識が強固なので変えられないんです。

だから、変な言いかたですけれども、「ご褒美」を与えるようなかたちでカウンセリングをしていかないと、もとに戻るのが早いというふうに思っています。ご褒美という言葉が適切かは分かりませんが、「こんなことをやって、どうなるんですか」と言われるようなこともやっぱりあるんですよね。そのときに、「いまは変わらなくても、変化は必ず現象としてかたちになります」というふうに伝えています。

斎藤　キーワードは「変化」ですね。臨床では、ひきこもりの「システム」という言葉をよく使うんですけれども、ひきこもりの子どもを抱えるご家族では、とにかくいろいろな悪循環がひとつのシステムをつくり上げてしまっていて、システムとして非常に安定してしまっているわけです。その関係性がダイナミックに固定されてしまっていて、なかなか動かせない。それを変えようという努力の方向性も固定されているので、かえってシステムを強化するだけで、がんばっているのに状況が何も変わらないということが起こりやすいんですね。

そこを変えるのはちょっとした言葉遣いだったり、ちょっとした習慣の変化だったりします。諸々染みついたいろいろな習慣がシステムのひとつひとつの部品をつくりあげているので、呼び名とか、テーブルの座る位置とか、それから会話のしかたとか、そういった習慣のありかたを見直すことには、たしかにものすごい抵抗があると思います。ですが、その違和感も含めて、システムを揺るがせるというか、関係性を見直すきっかけになる。「うちの子」という呼びかたを変えるだけでも、わが子を見る意識が変わってきたりする。そういう些細《ささい》なところから、安定した悪いシステムに亀裂を走らせるということですね。

もちろん、たんにシステムを破壊するだけではうまく行きませんから、方向づけをしながら、ということなんですけれども。ただ、方向づけをするにしても、システムががっちり固まっていたら何もできませんから、まずはシステムをぐらつかせ、揺さぶりをかけながら、徐々に方向づけをしていきます。そのきっかけとなるのは、やはりいま小島先生がおっしゃったような、呼び名をはじめとするちょっとした生活習慣の変化などになるのかなと思います。

夫婦単位で老後を生きることを考える

斎藤　親子関係に対しては、親御さんの思いで随分変えられることも多いんですけれども、もっとも難しいのは夫婦関係をどう変えるかということですね。これについても、まずは呼び名からというのが大きなヒントになるのではないかと思うのですが。ただ、どうでしょう、私は夫婦関係への介入というのがもっとも苦手な分野なんですけれども（笑）、何かよい工夫などあったら教えていただきたいと思います。

小島　（笑）。ご夫婦はやっぱり老後に入っていくわけですよね。親御さんには苦しいことだけを受けとめるのではなくて、楽しいことも考えてもらいたいですね。

お母さんやお父さんが「私が死んだらどうしよう」と話すときに、子どものことはいったん措いて、自分たちが望むシーン、老後のライフスタイルというのはどんなものですかと訊くんですね。現実を生きるのに一所懸命で、そんなことは考えたことがない、考えられないというのがあるんですけれども、実際に考えてもらうと、そこに向かって自分たち夫婦は生きてみたいな、となるんです。

親子のひとつの訣別《けつべつ》というのは、やはり夫婦の単位で生活をつくっていくことのなかで、子どもに対して「あなたはどう思う？」という話になったときに起こるんですね。子どもと一緒に老後を生きていくのではなくて、「私たちはこうするんだけれども、あなたはどう思う？」と言うことはひとつの方法としてあると思っています。

非常時にも変化の機会がある

小島　「3・11」の東日本大震災というのは、不謹慎ではありますが、家族の会話が非常に増えたと言います。親御さんには、ぜひお子さんに、たとえば、「防災のために補強の木材を買ってきたんだけれども釘を打って」とか言ってほしいですね。これはもう日本全国どこでもできることなのですが、何を保存食に用意しておこうかとか、もしも出かけたときに地震に遭ったらどこに集合しようかとか、会話の糸口としては非常に重要ですね。

震災の直後に計画停電がありましたが、あるご家庭では、ずっと部屋で昼夜逆転していたお子さんが、「こんなふうになって、どうするんだ?」と出てきて言ったので、親御さんが驚いたということがありました。そこで、お父さんとお母さんは、まさに斎藤先生がおっしゃるところの「相談事」（第1章を参照）をしたら、子どもがネットでものすごくいろいろ調べて、こうしたほうがいい、ああしたほうがいいと言ってくれたので、とてもよかったということです。

親は年を取っていくのだから、子どもにも役割を担ってほしいというところで、会話の糸口としてはまさに、防災だとか緊急時の避難だとかはけっこう重要なものになったのかなと思いますね。

斎藤　震災の直後には、私もかなりうろたえていたということがあって、いささか不謹慎にも「ピンチはチャンスだ」的な発言をしてしまいました。この件は、いまは深く反省しているんです。この言葉は、慎重に相手を選んで使うべきでした。たとえば、お子さんがひきこもったまま膠着《こうちゃく》状態にあるご家族に対して、とかですね。

それというのも、災害を含む大きな変動というのは、いま小島先生がおっしゃったように、家族関係を見直すきっかけになるんです。とくに、ひきこもりのご家庭では、ご家族の誰かが入院するとか亡くなるとか、普通は不幸と考えられるような危機的事態が、家族関係の組み替えに大きく寄与する場面がある。

だから私はご家族に、普段から非常時に備えましょうといつも申し上げています。なぜかというと、非常時に備える気持ちがないと、ご家族はつい守りの姿勢に入ってしまうからです。この子はずっとひきこもっているんだから、どうせ役に立たないだろう、かわいそうだから保護的に振る舞おう、となってしまう。危機的状況のもとであっても、かわいそうな本人はそっとしておこうという発想になりやすい。でも、ほんとうは逆なんですね。

緊急時には優先順位を変えるべきです。そういうときは、本人を強引に引っ張りだすことがあってもいい。そこで何か役割を担ってもらうための大切な機会になるんですね。これは、平時からそういう意識を持っていないと、とっさのときにそういう思いに至りませんから、繰り返し心がけておいてほしいんです。

震災についても一緒ですね。小島先生がおっしゃったとおり、防災に関する会話がたくさん出てきます。いまでしたら、たとえば、原発をどうするかとか、低線量被ばくがどうこうとか、放射能の話がいくらでも膨らむでしょうし。自分の今後の身の振りかたなどとは関係ない話題ですから、本人も乗ってきやすいでしょう。

それと、私の診ている方にもいましたけれども、ご家族で被災地にボランティアに行ったりする方もいるんですよね。そこでいろいろな経験をして帰ってくるという方法もある。とにかくさまざまな機会が生まれますので、そこで家族関係がよりタイトになっていけばいいなと思っています。

また、仲の悪かった家族で、震災をきっかけに離婚してしまったりするところもある一方で、助け合う家族で、震災を機会にますます親密さが高まって結びつきが強まる（まさに「絆」です）ところもある。そういう二極分化が起こったと言われているんですけれども、できればよい極のほうに向かってほしいので、防災という視点からも、平時から試みておいてほしいことのひとつですね。

ひきこもりの方のなかには、今回の地震をきっかけに家事に積極的に参加したりとか、あるいは被災地で家が潰れてしまった場合には、近所の人と助け合って復興に力を貸したりとかいうことが実際にありました。けれども、今回さらにはっきりしたのは、震災から時間が経って日常が戻ってくると、また皆ひきこもってしまう、ということです。ある人は避難所で、またある人は仮設住宅でひきこもる。そういう動かしがたい現実がある。

これは十分に予防可能なことなのですが、いったん行動が起こったときに、その起きた結果をどう繋ぎとめるかを意識しないと、元の木阿弥《もくあみ》になってしまいます。なので、震災に限りませんけれども、よい変化を定着させるためにも、普段からそういった機会を恐れず積極的に起こしていこうという心がけを持っていただくことが大事です。

小島　最後にもう一点。子育てには節目というものがとても必要だと思うんですね。

子どもは小学校に上がるときにすごくわくわくして、不安だけれども、つぎの世界に進むことが自分の成長で、新しいことができるんだという期待感を抱いている。ところが、中学校・高校・大学とつぎの段階になるにつれ、どんどんどんどん期待感よりも絶望感だったりとか負担感だったりとかが大きくなる。

これは子育てにおける「イベント」(転機)って言うんです。そこで、親のほうできちっと、「ここであなたはまた成長して、新しい世界に行けるんだよ」と伝えなければならないんですね。

反対は「ノンイベント」で、ひきこもりとか学校の中退とかいじめとか想定外のイベントのことですが、そのとき親がバタバタせずに、ノンイベントも必ず克服できるんだと捉えていかないと難しいと思います。

このイベント/ノンイベントというのは、私は子育てのひとつの大きなタームだと思っているので、あらためて、もう少し詳しくお話しさせていただきたいと思います。

第2章のまとめ

・子どもの自信をつくるためには、親密な人間関係における承認の積み重ねしかない。

・量的なものより質的なものを見ること。子どもが何かをどれくらいやれたかということよりも、ちょっとした変化に気づき承認することが大事。

・日本の家庭は「母子密着＋父親疎外」。「お父さん」「お母さん」の関係としての夫婦関係を見直し、変化させていくこと。

・非常時こそ、家族の結びつきが強まる大きな機会になる。だからこそ平時からの心がけを。

第3章

欲望について

コミュニケーションでほんとうに大切なこと

「根拠のない自信」をどう見るか

斎藤　前章でプライドの話をしましたが、ひきこもりの方には、自分はこういうふうに生きてみたいという考えのなかに、端からみるとちょっと理想が高すぎるように思われる面があったりします。たとえば司法試験とか非常に難易度の高い試験に合格して、人生の一発逆転を図るんだ、といったような。

それはほんとうに本人が望むことなのかどうかは難しいところです。人は一般的には長くひきこもっていると自分の欲望が分からなくなる。私はそう考えています。自分がほんとうにしたいことが分からなくなるということですね。

ひきこもっている人たちを見ていると、精神分析家のジャック・ラカンの有名な言葉「欲望は他人の欲望である」を思い出します。この命題を私なりに言い換えるなら、人間の欲望は社会から供給されてくるものなんです。ですから、長くひきこもっている人は欲望がどんどん希薄になっていくのが普通なんです。仕事でも遊びでも何でもよいのですが、何らかのかたちで社会と接していなければ、人間の欲望はどんどん枯渇してしまうんですね。

ですから、ひきこもりの方に自分なりの欲望があるように見えても、実はそれは世間で偉いと思われていることに対してのしがみつきなのかもしれない。実際、資格を取りたいと言う彼らの姿を見ていても、なかなか努力が続かないですね。試験の勉強をすると言っておきながら、ずっとそれを口実にひきこもり続けているという印象が一般的で、なかなか実現に向けた努力に結びつかないのは、おそらくそれがほんとうにしたいことではないからかもしれない、というのが私の考えです。

もちろん、別に資格を取ることを否定しようとしているのではありません。でも、どうせ勉強をするのであれば、勉強仲間がいて刺激を受けるところでしたほうがはるかに効率的で実効性も高いですよと助言するのですが、本人にとって、それはなかなか抵抗が大きいようですね。

何かしたいことがあるのだけれど、どうしてもそれが続かないと感じているとき、それはほんとうにしたいことなのか、それとも単に義務と思ってしているだけなのか。ほんとうの欲望であれば、実現につながる可能性はありますが、義務なのであればそれは焦りにしかつながりませんので、その見極めは重要です。

小島　お子さんを見ていて「虚勢を張っているな」と感じる親御さんには、ちょっとこう考えていただきたいとも思うんですね。この子は何かにおいて自分に対して揺るぎない信頼を持っている。だけど、外に向かっては防御の姿勢を強くとる弱さがあるのではないか、と。私自身もときどきそう感じることがあるんですが、強い発言というのは、人は実はどこかに脆《もろ》さを抱えているときの、その防御反応の現れなのではないでしょうか。

ですから、子どもを単に「根拠のない自信を持っていて、プライドが高い」として見るのではなくて、子どもと築いた信頼関係のなかで、「この子にはどこかに脆さがある。その防御反応としてそういう発言がときどき出てくるのだ」と見ていただきたいんですね。

斎藤　いまの時代、「根拠のない自信」という言葉はよい意味で使われることもしばしばありますね。あえて根拠のない自信を持ったほうがよい、と。私自身もときどきそういうことを言ったりしますし、教育の世界でもよく言われます。

根拠のない自信というのはいちばん強いわけですよね。反対に、根拠のある自信というのは、根拠が崩れたら自信も失われてしまうわけですから。自己肯定感にいちいち根拠は必要ないということですね。もちろん、自らの弱さの否認としての言いつくろいという面もあるかもしれませんけれども、よい面もあるとは思います。

それでは、よい意味での「根拠のない自信」をどうやってつくるか。私はいつも精神分析家のハインツ・コフートを引用するんですが、それは広く言えば自己愛の問題ですね。自己愛は非常に単純化して言うと、対象関係によって育まれます。最初は母親や父親やきょうだい、あるいは友人などとの関係のなかから、さまざまなエッセンスを取りこんで自己愛を維持していくことになります。その意味で、人との出会いは必須ですし、ひとりだけでは自己愛は成熟できません。ですから、根拠のない自信を持つことができるということは、要するに、幼児期の親子関係がいろいろな面で良好で、その時点で親から無条件の承認を受けた経験が多いということでもあるんですね。

いま精神医学では「レジリアンス」という言葉がたいへん流行っています。同じストレスを受けて傷つく経験をしても、そのストレスで病気になる人と、あるいはそのストレスを糧《かて》にしてより成長する人と2通りいます。この違いをレジリアンスと言うんですね。病気に対抗する力のことで、「抗病力」などとも訳されます。

このレジリアンスの強さを決める条件のひとつが、子ども時代の、親からの無条件の肯定であるということがよく言われています。「強い自己」を形成するのに、他者から条件抜きで肯定された経験があるかどうかというのは大事なことです。これは大人になってからも、仲間同士の、存在そのものの承認というかたちで大切になりますね。

親子間で「以心伝心」はしてはいけない

小島　よく言われるのが「クローズド・クエスチョン」（閉じた質問）と「オープン・クエスチョン」（開かれた質問）という区分です。たとえば、「朝ごはん食べた?」というように、「はい」「いいえ」という答えでしか返せないのはクローズド・クエスチョンです。答えはイエスとノーしかない。オープン・クエスチョンというのは「朝ごはん何食べた?」といったものです。そう訊くと「パンを食べた」とか「お米を食べた」とかいろいろな答えが返せます。これがオープン・クエスチョン。

これをもう少し会話として発展させると、「思考型」の会話になります。たとえば、子どもに対して「私は今日は食欲がないので、軽めに食べたいと思っているんだけど、あなたはどう思う？」と言うのは思考型の会話なんですね。そうすると、子どもの食欲は別ですから、朝からきちんとごはんを食べたいと言う。ああ、それならばこうしよう……というふうに会話になっていく。

ところが日本人は、単語だけの会話で阿吽《あうん》の呼吸をしてしまうのです。そのことについては斎藤先生はどう思われるでしょうか？

斎藤　単語の会話というのは、たとえば「メシ」「風呂」「寝る」といったようなものですね。これは文脈によっては、長年連れ添った夫婦間の「以心伝心」の現れであると、まるで麗しい文化みたいに見なされることもあります。でも、少なくとも親子関係という文脈では駄目ですね。

なぜなら私の考えでは以心伝心は悪いことだからです。親子関係の間で以心伝心がはじまってしまうと子どもはどんどん退行していきます。子どもが幼児化してしまうということですね。

ここでは、身体言語で親に主張してそれが叶えられるという世界に生きていることを幼児化と言っています。口に出して言わなくても、親が勝手に欲求を察知して助けてくれる関係性にあるということですね。以心伝心は幼児化（退行）に直結しますので、思春期以降の子育てを真剣に考えるならば、それはもう却下です。

子どもは可能な限り「他者」として扱うべきなんです。以心伝心というのは、要するに子どもを自分の体の一部のように扱うことであって、私から見れば、それは麗しいものでも何でもありません。単なる自己満足にすぎない。

話が飛ぶようですけれども、家庭内暴力というのは、しばしばこうした退行の産物なんですね。退行が極限まで進むと、暴力というかたちで表出されやすい。というのも、暴力というのはある意味で究極の自己主張のメッセージですから。暴力でしか主張できない状況に親御さんが追いこんでしまったとも言えるわけです。

これを避けるために予防的に行っていただきたいのが、やはり会話なんですよ。たくさん「おしゃべり」（第1章を参照）をする家庭では退行はとても起こりにくいです。「おしゃべり」をしすぎて子どもが退行したというケースは、私は見たことがない。

反対に、退行が起きてしまった家庭では、そもそも会話自体が減っていって以心伝心状態になっているようなケースが多いです。子どもが2階で床をドンと踏めば、母親がぱっと駆けあがってきて部屋にものを届けるとかそういう状況です。これはほとんど隷属《れいぞく》状態にあると言ってもよいかもしれませんね。

ですので、親子関係では以心伝心は避けてほしいというのがまず第一点。さらには主語・述語・目的語をはっきりさせた会話、つまり単語でやりとりされるようなものではない会話を目指していただくというのも大事です。

問題解決のためにやってはいけない5つのこと

斎藤　普段の「おしゃべり」はなかなかそこまできっちりとした会話にならないこともありますが、希望や欲求に関した会話においては、「誰が何をどのようにしたいのか」をしっかり表現することはとても大事なことです。そこを相手任せにするという習慣をつけてしまいますと、そもそも会話が成り立たないということになってしまいますね。

いまの「クローズド／オープン・クエスチョン」の話で言えば、たとえば「食べるものは何がいい？」とせっかくオープン・クエスチョンをしているのに、「何でもいい」と言われてしまったら、それで会話が終わってしまいますよね。子育ての問題について夫婦間で話しているさいに、旦那さんが奥さんに向かって何でも「お前に任せる」と言いながら、理解のあるフリをして逃げの姿勢に回るということがよくありますが、こういう発言を許してはいけないということです。

そこには「メンテナンス」という視点がまったく欠けてしまっています。面倒なことを考えたくないから任せるという態度は、関係のメンテナンスを考えるさいには非常によろしくないことです。とにかく会話はクローズドにさせないということですよね。以心伝心をさせない。他人任せにさせない。

それからもうひとつ、「先回り」をしない。本人が陥りそうな危険をあらかじめ察知して防ごうという姿勢も、多くの親子関係でしばしば見られます。これもある面では、コミュニケーションを妨げるような好ましくない姿勢と私は考えますので、先回りをするのもできれば避けていただきたい。正解が分かっていても、あえて相手に判断させるという姿勢が大事です。長年一緒に暮らしてきた親子ですから何かと予測はついてしまうんでしょうけれど、あえて予測を働かせずに、相手の出かたを見守るという姿勢も必要でしょう。

小島　よく世間で「コミュニケーション能力が必要だ」とか、「コミュニケーション能力が高いことは素晴らしい」とか、まことしやかに言われていますが、私はこれに非常に懐疑的です。斎藤さんはコミュニケーション能力があまり高くないとおっしゃっていましたが……?

斎藤　高くないです（笑）。

小島　私もそうなんです（笑）。群れるのはあまり得意ではありません。ところが、畑の違う斎藤さんと私はなぜか息が合っていて会話をするわけですね。

でも、そこではコミュニケーションをうまくとろうとしているわけではありません。お互いが抱えている問題を解決するさいに、コミュニケーションが悪くならないようなことを心がけているだけなんです。要はコミュニケーション不全がどういうときに起きるのかということを知ればいいんですよ。

これはもう、私が本書のメインテーマだと考えているものなんですが、問題解決においてコミュニケーションがうまくいっていない場合、そこには5つのパターンがあるんです。

①「お前はこうだから」とか「こいつはこういうやつだから」とかいうような「決めつけ」。

②「もう好きにすればいいよ」とか「自分を巻きこまないでくれ」とかいった「逃げ」。
③「私はここまでやるから、あなたはここまでやって」というような「分担」。
④「何で俺の言うことを聞けないんだ」とか「私がこう言っているでしょ」といった「威圧」。
⑤一見良さそうに見えるのだけれども、悪いものとして「提案」。問題が起きているときに自分の考えの押しつけをしてしまうと、相手はそのジャッジしかできないわけです。

いま言った5つのパターンのどれかをやってしまうと、問題解決のためのコミュニケーションがとれなくなってしまいます。それで、関係が近しければ近しいほど、この5つのどれか、あるいはその複合のパターンをやってしまいがちです。

夫婦関係で何か問題が起きたとき、「何でお前は俺の言うことを聞けないんだよ」(「威圧」)と言ったり、「分かった、分かった。俺がここまでやるから、あとはお前がやってくれ」(「分担」)と言ったり、あるいは「こういうふうにしたらいいんじゃない?」(「提案」)と言ったりとか。この5つのパターンを用いていると、全然問題解決ができません。

親子関係においても、こういうことは知らず知らずのうちにやっています。たとえば、自分の子どもが学校で窓ガラスを割ったという連絡が来たとします。それを聞いて、どんな反応をするべきか。もちろん、いろいろなことが頭のなかに一遍に浮かびます。そのときに、ちょっと落ち着いて考えてから対応すると、問題解決のために何をしたらよいかがちゃんと分かります。

まず大事なのは人の安否ですよね。誰かケガをしていないかどうか。ところが、それよりも先に、「どうしてこうなったんだ」とか「誰のせいでこうなったんだ」とか人の罰することに関心が行ってしまったり、あるいは、「弁償をしなくては」とか「謝りにいかなくては」とかを考えてしまったりするのはよくありません。

ほんとうに起きている問題は、子どもがガラスを割って誰かケガがなかったかどうか。そして、ケガ人がいなかったのであれば、今度は、なぜそれが起きたか、そしてそのトラブルをどうやって解決したり処理したりするかということが問題になります。子どもに「あなたはいつも注意力散漫なのよ」とか「建物のなかで走り回るなって言ったでしょ」とか言うことは問題解決ではなく責任追求で、最初の対処ではないんですよね。

こういうことを家族のなかでやってしまうと、子どもは「一緒に問題解決はできないんだな」と思って沈黙してしまったりします。大切なのは、家族のなかでコミュニケーション能力を高めることというよりも、先ほどの５つのパターンをしないような話し合いをすることだと思いますね。

話し合いがしやすくなる場のつくりかた

小島　それで話し合いは、実は「面と向かって」ではなかなか難しいと私は思っていますが、いかがでしょうか。

斎藤　対面式で文字通り正面から向き合って、ということですよね。これは精神科医の世界でもよく言われることで、診察室でドクターの座る位置は患者さんから見てだいたい直角です。患者さんがいて、そのちょっと斜めに向き合う感じです。

熟練の精神科医の話を聞くと、座る位置関係でもっともよいのは「横並び」だということです。気の効いたレストランだと横並びになったカップル席がありますが、横並びの席というのは、もっとも話が深まりやすい配置なのだろうと思います。

昔、森田芳光監督の『家族ゲーム』（１９８３年製作）という映画があって、家族全員が細長いテーブルに横並びで座って食事を取るシーンが話題になりました。それ以外にも、もうひとつ面白い光景があって、両親が子どもに聞かせたくない相談をするときには必ず駐車場の車に２人で乗りこむんですよね。別に運転をするわけではないんですけれども、車のシートに２人で座って、密室で会話をする。夫婦がじっくりと相談をするには悪くない空間だなあと思いました。

面と向かってだと、先ほど小島先生がおっしゃった５つのパターン（「決めつけ」「逃げ」「分担」「威圧」「提案」）を演じてしまいやすいのかもしれません。親も実は不安ですから、ついい型に頼った対応をしてしまいがちです。そういうときに飛びつくのがその５つのパターンなのだと思います。

そこで、ちょっとお聞きしたいのですが、「質問攻め」というのはどうなんでしょう？ひきこもっている人に対して、親御さんがしょっちゅう聞く質問に「あなたはほんとうは何がしたいの？」というようなものがありますが、こんなに本人を苦しめる質問はありません。本人としても「それが分かっていたら、とっくに動き出している」と反論したいはずです。それはいわゆる「修辞的疑問文」（反語）でしかないわけですから。要するに、それは「あなたは何もしていない」と責められているに等しいんですけれども、親御さんはそれに気づいていない。このギャップが問題ですね。

小島　当たり前ですが、親御さんは自分が早く楽になりたいんだと思うんです。しかし、子どもが何を考えているかよく分からない。また子どもが今後何をしたいかが分からない。それが分かれば親御さんは楽ではないですか。でもこの「分からないとき」の相手に対しての質問というのはやめたほうがいいですね。

私の場合は、自分の息子が小学校に行って、自分も働きだしたときに、はじめて母子が生活的に分離されたんです。そのとき、ものすごく不安だったんですよ。「今日は1日、この子は学校で何をしていたんだろう?」というふうに。ですので、息子が学校から帰ってくると質問攻めなわけです。「今日は何勉強したの?」とか「誰と遊んだの?」とか。

息子は最初は一所懸命答えてくれたんですね。でも、それを聞くと安心してしまって、私はそれ以上あまり話を聞こうとしなくなる。そうしたら、いつものように質問をしたあるとき、息子が「母さん、それはぼくのことを聞いてるんじゃないよ」と言ったんです。「それはね、〝尋問〟って言うんだよ」。

それで私は「えっ!」と驚いてしまったんです。TVドラマの刑事の尋問と私が重なったようで、息子に「ぼくが学校で何か悪いことをしてるんじゃないかと思ってるんでしょ」と言われてしまったんですが、まさにそのとおりなんですよね。

私の息子は小さな学年の項、けっこうひとりで遊んでいました。私がみんなと一緒に遊んでほしいと勝手に思いこんでいたわけですが、でも彼はひとりでも充分楽しんでいるんですよね。ですから、彼にとって私の訊いていることは意味の分からない〝尋問〟になりました。

ちょうどそのころに私はカウンセリングを勉強しはじめたんですが、私はクライエント（来談者）に対しても、質問をしているようで実は〝尋問〟をしてしまっているところがあると気づきました。それはよくないんですよ。

それで、どうしたらよいか分からなくなってしまったんですが、あるとき、「ああ、私がしゃべればいいんだ」と気づいたんです。それで、3分間程度、「私、最近こんなことがありまして……」と自分から話を切り出すようにしたんです。

他人の話をずっと聞いていると、人間はこう思うんですよ。「あなたの話はいいから、私の話を聞いてよ」と（笑）。それからはもうほんとうにインテーク（カウンセリングの初回面接）がすごく楽になりました。いまも最初の3分くらいは意味のない世間話をしています。

人間の心理の根底にあるのは、やっぱり他者からの承認の欲望なんですよね。人間は他人の話を聞かされたら、「今度は私の番だ」と思うわけです。

それからは、息子が学校から帰ってきたときには、「3分でいいから、今日の母さんの出来事を聞いていてくれる？」と言うようにしました。息子は小学生のころは「いいよ」と言ってくれていたんですが、中学生になると「興味がない」って言っていました（笑）。しかし、ずっと日常でそれをやっていると、成人しても息子は私に話をしてくれるようになりました。

そのとき、やはり自分も相手もお互いに話をジャッジしてはいけないんですよ。よくないのは、人が話した後に「評価」（第1章を参照）をすることですよね。要するに、相手の話を聞かずに自分の価値観を出してしまう、ということです。それだと、相手に話していても、どうせ話を決めつけられてしまうと感じてしまうので。

斎藤　小さなことのようですが、話を聞いてもらうのに「3分でいいから」と区切ったのもよい工夫ですね。中井久夫さんという精神科医が、患者さんを往診して説得するときに、やっぱり「3分間だけ話を聞いてほしい」と言うんだそうです。なぜ3分かと言えば、当時公衆電話で10円で話せるのが3分間だけだったから、と。あまり聞きたくない内容のものも含め、人の話を聞ける時間的リミットとして3分間というのはちょうどよいのかもしれません。短いようで、しっかり話せば、3分でもかなりたくさんのことが言えます。

ところで、会話というのは当然ながら言葉を介したものですが、いわゆるノンヴァーバル（非言語的）なコミュニケーションというものもあります。つまりボディランゲージや身体的接触（スキンシップ）といったものですね。

先ほどお話しした退行の問題に絡めて言うと、臨床家の立場では、基本的にはあまりスキンシップはしすぎないように推奨しています。身体的接触が増えると、やはりどうしても言葉による会話が減ってしまうからです。それこそ「以心伝心」を強化してしまうことになりかねない。

「お願い」をするときは結果を期待しない

小島　ひきこもりの人は家にいるわけです。そうしたら親はやはり子どもに何かをさせなければならないと思うんですよね。でも、私は家事は親子で一緒にやったほうがよいと言っています。なぜかというと、親が家にいない間に子どもに家事をやらせると共同作業にならないからなんですね。

親子関係でも夫婦関係でも、いまの話ではないですが「横並び」になって、洗濯物を一緒に畳んだりするのがよいと思うんです。「今日は天気がよかったから乾きがいいね」とか話しながら。あるいは一緒に食器を洗う。「お鍋を上にあげて」とか言ったりして。

こういうことのなかで「助かった」「ありがとう」といった会話がいろいろ生まれる。何かを一方的にやらせることよりも、何かを一緒にやることのほうがとても大事なことだと思います。

斎藤　それはまさに、ひきこもり臨床でも大事なことですね。ご両親はご本人に対して「提案」ばかりするわけですよ。つまり、「もっと外出したら?」とか「病院に行ったら?」とか。本人がひとりで行動することばかり期待して、やたらと提案ばかりする。それでも本人はびくともしない。これは当たり前なんですけどね。

とくに本人が外出するかしないかという場面では、まさに先ほど小島先生の言われた、やってはいけないことの5パターンが全部出てしまいやすい。提案はするわ、威圧はするわ、決めつけるわでひどいんですけれども、全然相手にされないわけです。

ここでほんとうにすべきことは、やはり「やってみせること」と「誘いかけ」（第1章を参照）なんですよね。自分と一緒に何かをやろうと。「外出してきなさい」ではなくて「（一緒に）外出しましょう」、「病院に行ってきなさい」ではなくて「（一緒に）病院に行きましょう」と言うほうがいい。本人を病院に通わせたいのであれば、まず自分が率先して通院してみせながら、徐々に誘いこんでいく。こうしたことは、ほかのあらゆる場面でも、それこそ家事においても言えることだと思います。

小島先生もお考えのとおり、家事というのは要するにコミュニケーションのための口実でもあるわけですよね。ですから言いっ放しで構わない。お願いしても拒否されたら、食い下がらずにまたつぎの機会にお願いすればいいいだけのことです。ところが、ご家族は誘いやお願いに結果を期待してしまいがちです。言ったとおりに動いてくれないと、つい食い下がったり、説得や議論をしてしまったりする。でも、この段階では「本人を動かすこと」はまだ目的じゃないんですよ。やってほしいとお願いすることに意味があるのであって、10回に１回でもやってくれれば御の字の世界なのですから。

さらに悪いことには、ある家事を一度でもやってくれたら、それを褒めるのではなくて、「はい、それじゃこれからはあなたが分担してね」みたいに持っていこうとしたりする。こうなるともう、コミュニケーションどころではなくなります。誘ったりお願いしたりしてやってもらう過程がコミュニケーションなのに、分担してしまったらコミュニケーションが成り立ちません。

誘いかけやお願い事をする場合は、とにかく結果を期待しないことですね。そして、その都度お願いをするということが重要です。これには体験の共有という意味もあります。

小島先生もおっしゃるように、同じことを一緒にすることで、同じ経験や感覚を共有することが大切なんです。よい経験も悪い経験も含めて、同じ感覚の共有の積み重ねによって、家族の結びつきというものがより細やかに深まっていくはずです。

親子関係ときょうだい関係

斎藤　家族の結びつきということで言いますと、子ども同士のきょうだい関係というのも重要だと思います。これは正しいかどうか分かりませんがひとつ仮説がありまして、きょうだいがたくさんいる家庭のなかではひきこもりは比較的起こりにくいと私は考えているんですね。あくまで比較的、でありますが。

これはひとつには「生存競争」があるからです。たとえば、食べものをめぐっての争いなどですね。こういうプリミティヴ（原初的）な欲望の部分での葛藤や争いを経験することの意味は非常に大きいと思っておりまして、そうした経験が早くからあればあるほど、比喩的な意味での「生存本能」のような部分が鍛えられる可能性があるのではないか。

これは、私が診ている患者が、せいぜい２人きょうだいまでの家庭がほとんどであるからということもあります。もちろん、２人きょうだいやひとりっ子の家庭がよくないという意味ではありませんが、たとえば５、６人のきょうだいの家庭だとまた様相が違ってくるのではないかと想像しています。

なお、きょうだいのうち、ひとりがひきこもりになってしまったときのもうひとりの子どもの反応は両極端ですね。同じようにひきこもりになってしまうパターンと、反発してむしろまったく対照的に社交的になってしまうパターンです。

どちらにしても強く影響を受けるわけです。きょうだいがひきこもりになったことに対して、非常に不安を覚えますので、その不安を反発のバネに変えられる人は社交的になるでしょうし、不安を内向させる人は同じようにひきこもりになってしまう。

それから、ひきこもりの本人に対してきょうだいが反発を感じている場合、その人が本人に直接反発をぶつけてしまうことで、治療の足を引っ張ってしまうということも起こりやすい。そういう場合は私は、親御さんにきょうだいの前での接しかたを工夫してもらうとか、難しい場合は距離を取ってもらうといった対応をお願いしています。

小島　私も斎藤先生の仮説と同じく、きょうだいが多いとひきこもりが起きにくいと思っていたんです。でも、そうでないケースもあるようです。

そういうケースの要因のひとつは夫婦関係にあります。結局、夫婦の間で、家族をどうつくるかという根本的な論点できちんと合意があるのかという点が出てきます。それで、子どもがみな孤立しているので反発すら起きずにいる。

でも子どもはやはり親の愛情や関心を本能的に欲するので、何らかのサインは出しているはずなんですが、両親は感情の交流が苦手で改善の方法が分からないまま、それを受け取れないままに来てしまっている。ですので、きょうだいの数だけでなく、相互の感情の交流の状況や、関係性にも問題があるのではないかと思っています。

きょうだいの話の関係で言いますと、母親のほうからよく相談されるのですが、極端な言いかたをすると、自分の子どものことを平等に愛せないと言うんです。あるいは、気の合わない子がいる、と。そのことに対して非常に苦しむんですね。

でも、子どもも親やきょうだいとは別人格ですから、子どもにまったく平等に接するということ自体が不可能なことだと考えています。ですからそういう呪縛から解き放たれないと苦しいですよ、と私は相談を受けるたびに言うんですね。

もう少し説明しましょう。第１子の子育てのときは、親は子育ての素人ですから、心配や不安で余裕が少ない。でも第２子の子育てになると心に余裕が生まれます。その余裕を、皆さん愛情と捉えてしまうみたいなんです。余裕があるせいで、第２子にすごく愛情をかけているような気がしてしまうんです。

でも、心配というのも愛情のひとつの現れですから、けして子どもに対する愛情が第１子と第２子で違っているわけではないんですよね。いくつになっても、自分はこの子のことをかわいく思っていないんではないかと怯える母親や父親もいるんですけれども、そんなことはない。私のような第三者がそう言ってあげる必要があります。

親も万能ではありませんからね。ですので、自分を罰しようというような気持ちは持たないほうがよいと思いますね。

〝何でもいい〟をやめる

小島　先ほどの話は非常に重要なので、それにもう少し補足させていただきます。まず、単語での会話による「以心伝心」というのは、私もとても危険だと思っています。

大切なのは、自分で考えるということですね。「私はどう思うのか」という感情についての問い、「私はどう考えるのか」という思考についての問い。これらのことに答えられない限り、最後の「私はどうするのか」という行動についての問いにはつながりにくいですね。

感情・思考・行動の3つが重要なんですよ。さっき触れたように、欲望がまずあります。欲望につき動かされて感情にスイッチが入る。その感情と思考がつながってはじめて行動に移る。それなのに、欲望も感情も思考も何もないところで、いきなり行動ばかりを促すからうまくいかないわけです。

私の場合で言いますと、自分の息子が自分なりの欲望や感情や思考が出てきたときに、私が想像しないような行動が出てくるというのは分かっていました。だからこそ、まさにそのときに怯えない、驚かないという対処をしようと思っていました。

　これは思春期に入る段階での話だと思います。豊かな会話ができるのは、子どもが無邪気な感情のときですね。そのときは「これかわいいね」とか「素敵だね」とか言っていろいろなことを共有できます。

　ところが、子どもがだんだん家族とは別の世界で会話をしていくようになるにつれ、そういうことも少なくなっていく。そこで、私は息子には「単語の会話で通じる社会はどこにもないから、相手に自分の状況というのをちゃんと伝えるようにしなさい」とずうっと言い続けてきました。

　でも、いつかは息子が私にも単語で話を済ませようとしてくるだろうと思っていて、私はそれをすごく楽しみにしていたんです（笑）。ある日息子が中学校の部活から帰ってきたときのことです。「ただいま……」という息子のその声のトーンを聞いたときに、私は「来たっ！」と思いました（笑）。息子は私の顔も見ずに「ごはん」とだけ言ったんですね。「その言葉を待っていた！」と思いました。

　それで「ごはん」と言った瞬間に、私は「炊飯器」と言ったんですよ。そうしたら息子は「はあっ?!」その「はあっ?!」という声のトーンがまた、私の待っていた感じのもののなんです（笑）。「ごはんは炊飯器のなかにありますけど」「お腹が減ってんだけど」「あなたがお腹を空かせてることなんて私は分からない」「ほんっとそういうのムカつくんだけど」。

私はもうワクワクしていて、「やっとこの段階まで来たか！」と思ったんですよね（笑）。そこで、私が「あなたがどのぐらいお腹が空いてるかなんて分からないから、私は提案できない」と言うと、息子は「お腹がペコペコなんだよ。何でもいいからごはんを作ってくれよ」と言ったんです。それで「〝何でもいい〟ってものは世の中にはないんです。〝何でもいい〟って言うなら、私は〝どうでもいいもの〟しか出しません」と言ったんですね。そうしたら、「〝どうでもいいもの〟くれ」と（笑）。

それで、お腹がぺこぺこだと言うんで炭水化物まみれにしてやろうと思って、ラーメンライスを「はい、〝どうでもいいもの〟どうぞ！」と、ばーんと出したら、「これ？」と息子はしかたなく食べだしました。でも、ちょうどそのとき、関係のメンテナンスがバッチリの夫が帰ってきて、「疲れてると思うからレンジでチンするものでいいんだけど、食べるもの何があるのかな」と言ったので、私は「冷蔵庫にハンバーグがあるんだけど」と（笑）。

「ハンバーグ？　悪いねえ。じゃああったためてくれる？」「じゃあ目玉焼きもつける？」「ああ、ごめんね。悪いねえ」「サラダもつける？」「ああ済まないねえ」……というわけで、夫には目玉焼きを乗せたハンバーグとサラダを出したんですね。そうしたら、夫は息子を見て、「お前、ラーメンライス？」と言うので、息子は「うん……」。夫は息子に「取り替える？」と言ったんですが、私は「それはやめて。この子は〝何でもいい〟と言ったんだから」と言いました。それを聞いた夫は息子に「まあ、そういうことだよ」と（笑）。

それで、息子が部屋に上がろうとしたときに、私は、「階段とかドアとかで、音で威嚇《いかく》しないでね。それから、あなたがそういう態度をしている限り、私は一生同じことを続けるから」と言いました。それで翌日、家に帰ってきた息子は「疲れてると思うんだけど、食べるもの何があるのかな」って（笑）。

それからずっとうちの息子たちは〝何でもいい〟とは言わないです。このことはいま私が受け持っている学生にも言っています。「何かいい仕事ないですか？」とだけ言われても知りません、と。

結局、相手が自分の状況の説明をしない限り、こちらも回答をしてはいけないのだと思うんですね。こういうことをやっていかないと、いまの日本の家庭とか社会で見られる、悪い意味での「阿吽の呼吸」だとか「以心伝心」だとかを壊せないのではないかなと思います。

斎藤　いま小島先生が紹介された、息子さんとのエピソードはほんとうに素晴らしいものだと思います。親御さんのほうも腹が据わっていないと難しいかもしれませんが、思春期のお子さんを持つ親御さんには、とくに参考にしていただきたいですね。

「察すること」や「気配り」などの美徳は、赤の他人に向けられてこそ価値があるので、家族に対してはむしろ逆でしょうね。とりわけ思春期を過ぎた子どもとの関係においては、親御さんはむしろ「言葉の通じにくい他者」として接するほうがいいのかもしれません。それにしても、子どもが主体的に物事を判断して取り組むかどうかというのは、やはり親御さんの姿勢が多分に反映されるところがあるのでしょうね。

現在私は月に一度、ひきこもりの親御さんとの家族会を運営しておりまして、そこでQ&A方式でいろいろな質問を受けつけています。そこで気づいたんですが、質問をしてくる親御さんにはおおよそ2通りの方々がいらっしゃるんです。

まず第一に、ご自分で論点を整理し、問題を絞りこむことができる親御さん。「うちの息子はこれこれこういうふうになっていますけど、この点についてはどのように振る舞うべきでしょうか?」というように、こちらが答える対象の範囲を絞って質問をされる親御さんです。これは、こちらとしても非常に答えやすい。

第二は、あれもこれもと話題をたくさん並べられてから、最後に「いったいどうしたらいいでしょうか?」と言わば丸投げをされる方々。このパターンの質問が非常に多いんですよ。こういう考えかたをされている場合、それこそ〝何でもいい〟型のコミュニケーションが家庭内でも多くなってしまっているのではないかと思います（反対に、ご自分である程度問題を絞りこめるご家庭は、問題解決の第一歩を踏みだしているわけです）。このことに気づいていただかないと、問題の解決を人任せにするという姿勢からなかなか抜け出せないのではないかと危惧《きぐ》してしまいますね。

専門家に依存して問題が解決するということはそれほど多くありません。専門家というのは、たんにヒントを与えるという程度の存在でしかありませんから、ご自分の問題の解決法は、ヒントをもらったら、あとはご自分で考えて答えを出すしかない。そういう意味でも、ご家族が主体的に取り組む姿勢が大切ですね。

第3章のまとめ

・親子間での「以心伝心」は子どもを退行させる。お互いに会話のなかで希望や欲求をしっかり表現すること。

・家庭のなかでは、コミュニケーション不全を起こさないように心がけることが大切。

・問題解決のさいにコミュニケーション不全を起こすのが「決めつけ」「逃げ」「分担」「威圧」「提案」。この5パターンを避けること。

・〝何でもいい〟をやめる。問題解決を人任せにせず自分で考えること。

第4章 自立について

子育てのタイムリミットと関係のメンテナンス

他人を家に入れたがらない日本の家庭

斎藤　前に、海外のパラサイト・シングルの話をしましたが（第2章を参照）、ひきこもりもいます。有名なところでは、韓国には人口比にして日本と同じくらいひきこもりがいると推定されています（約30万人）。それからヨーロッパでも、イタリアにはたくさんいるようです。

スペインにもいるという噂がありますが、ちゃんとした報告を聞いたことがありませんので正確には分かりません。でも、たぶんいるでしょう。それからやはり報告を聞いたことがありませんが、アイルランドにもたぶんいるでしょう。

その根拠は、日本、韓国、イタリア、スペイン、アイルランドは、どれも先進国のなかで親子の同居率が高い国だということですね。成人した子の両親との同居率は、どの国も7割前後です。同居率が高い地域では、ひきこもりが多くなりやすい。そのかわりにホームレス化は起こりにくいんですね。

どんな社会でも若者は不適応に陥る可能性があるんですが、これは見かたを変えると社会的排除です。社会的排除の形態は主に2通りあって、それがひきこもりとホームレスです。これは、ドロップアウトした先が家のなかか路上かの違いですね。

いわゆる個人主義の傾向が強い国であるフランス、イギリス、アメリカなどでは、ひきこもりは少ないかわりに若いホームレスが何十万人も存在していることが知られています。いっぽう、日本ではひきこもりは70万人いるとされていますが、若いホームレスは1万人以下ということで、こちらはむしろ異常なほど少ない。

社会的排除の形態として、ホームレスとひきこもりは対照的な存在です。もうお分かりのとおり、ひきこもりは日本文化の産物なんかでは全然ありません。日本でひきこもりが多いのは、韓国やイタリアのように、単に両親との同居率が高いからということがいちばんの理由で、「恥の文化」とか「縮み志向」とかいうものはまったく関係ないと私は思っています。私の推測が当たっていれば、全世界的に親子の同居率は高まる傾向にありますから、今後はひきこもりも世界的に増えていくのかもしれません。

ここでひとつ思い出したのは、先に紹介した映画『タンギー』のことです。タンギーの家族はみな社交的で、人づきあいが多いんですね。家への来客も歓迎する。こういう姿勢もけっこう重要ではないかと思います。

というのも、日本の家庭というのは、核家族化自体は戦前から進んでいたらしいのですが、戦後とくに第三者を家に入れなくなっていく傾向がとても強いからです。私が子どもの頃は、来客をごく当たり前のように家に泊めていましたが、そういう社交文化はもうほとんど死滅している。

親しい人とつきあう場合も、たとえば会食やパーティーなどは外に場所を借りてやるほうが一般的でしょう。家はもう完全に密室になってしまうという状況が近年ますます強くなっていると思います。これはある意味ではしかたない面もあるんですけれども、こういう風潮がどこかで、ひきこもりや家庭内暴力といったものを促進しているようにも思いますね。

小島 これはほんとうにそうですね。私が子育てに悩んでいたときに紹介していただいた保育園では、子どもはなるべく自分の家に帰るなと言うんですよ。人に預ければいい、人の家に泊まり歩きなさい、と。うちの息子は４、５歳のときに最長記録で10日間家に帰ってきませんでしたね（笑）。

それで、反対によその子どもが10人くらい来るときもありました。この状態は息子たちが18歳で家を出るときまでずっと続きました。子どもたちを迎えても、家にごちそうなんかもちろんないですが、とくに規制もしなかったですね。

それで、息子の友達は、「どうして小島の家はこんなに泊めてくれるの？」と言うんです。よその家では、子どもたちの年齢が上がれば上がるほど、だんだん家に泊めてくれなくなるわけですね。それはやはり子どもたちが家に来たら「何かごちそうしなくちゃ」と外見を気にしたりするからなんだと思います。

ですが、人の家に泊まりに行ったときの居心地の悪さというのは、自分の家庭のよさをものすごく再確認させますね。だから、息子が10日間外を泊まり歩いていても、やっと家に帰ってくると、「やっぱり家がいい」と言う。そうしたことがあるからこそ、自立も可能になるんだと思うんですね。

関係のメンテナンスをするという発想

小島　結局、子育てというのは、シングルの方もいらっしゃいますが、多くの場合は夫婦がいてその間に子どもが生まれてくるわけですので、夫婦関係が圧倒的に大きな影響を与えます。子育ては親子関係というよりも夫婦関係のなかで行われるものだと私は思っています。

夫婦関係ではとくに男性側が意識を変えなければなりません。男性は仕事という自己確立の場があるからです。父親が「俺は仕事があるんだよ」「俺は会社に仕えているんだよ」と言ってしまえば、経済的・社会的に自立していない状況の母親はそれ以上言うことができないんですよね。

ひきこもりの問題を抱えたご家庭の方がカウンセリングにひとりあるいはご夫婦で来られたとき、多くの母親が「〝私の〟子育てが失敗した」と言うんです。でも子育てというのはひとりでは成立しないわけですよね。

そこで、私はやはり「メンテナンス」（第3章を参照）という発想が重要だと思います。

どういうふうに関係をメンテナンスすれば、どういうふうによくなっていくのかということを見ていかないと駄目なんだと思いますね。斎藤先生は、夫婦関係は具体的にどういうメンテナンスをしていけばよいと思われますか？

斎藤　それは私の苦手分野ではあるのですが（笑）、がんばって答えてみようと思います。

小島先生がいまお話しされた流れで言うと、男性側の「俺が食わしてやってるんだ」という類の言葉は、もうそれを発した時点で暴力なのだということを周知徹底すべきですね。それは「正論」なんかではなくて暴論でしかありません。

この「食わしてやっている」という発言は、ある種の男性の結婚観を象徴するものです。私の考えでは、男女の結婚観は正反対と言いたくなるほど対照的です。多くの男性は結婚について、性愛関係の「終わり」と考える。女性が結婚を、新しい関係の「はじまり」と考えることと真逆です。

男性にとっての結婚は、言わばひとりの女性を独占的に所有するための制度です。うんと露悪的な言いかたをすれば、稼ぎを渡すことと引き替えに、妻から快適なサービス（食事、セックス、家事、育児など）を受けられるという契約関係ですね。

お分かりのとおり、こういう考えかたの男性にとっては、「夫婦関係のメンテナンス」

という発想そのものがありません。そして、この種の男性ほど「食わしてやっている」と言いたがります。なので、「メンテナンス」のコツということについて言えば、夫婦関係にはそれが必要なんだ、ということを夫に分かってもらうことが第一歩になるでしょうね。

このタイプの夫は、しばしば「決めつけ」などの一方的な押しつけ的コミュニケーションに依存しがちです。もちろん、こうした一方通行な関係ではメンテナンスどころではありませんので、まずは会話だけでも対等な関係になってもらわないといけません。あくまでも相互性のある会話というのが大切です。

というわけで、関係のメンテナンスのためのポイントは、第一にメンテナンスの必要性を十分に理解してもらうこと、さらに相互性のある会話を行う努力を心がけることですね。そして、そのための努力は、主に男性側（夫側）にがんばってやっていただかないと、有意義なコミュニケーションは成立しにくいと思います。

それからもう一点、旅行でも何でもよいですが、共有体験をできるだけ増やしていくことですね。男性が仕事に逃げている限りは、子育てによい影響は期待できませんので（仕事でご苦労されている方には気の毒な言いかたかもしれませんが、家庭の側から見ればそれは逃げでしかないわけです）、逃げ口上をできるだけ言わずに、共同で問題に取り組むことが大切ではないかと思います。

危機のときだけでなく平時のときもメンテナンスを

斎藤　これも先に触れたことですが、東日本大震災でもはっきりしたように、問題（とくに事故、事件、天災など）が起こったときにばらばらになってしまう家族もいれば、結束が固くなる家族もいます（第2章を参照）。たとえネガティヴな出来事であっても、それまでメンテナンスが困難だった関係が、そうした出来事をきっかけに修復に向かう場合もあるということですね。

とはいえ、そういった可能性は、普段から頭の片隅につねに置いておかないと、とっさのときに判断ができません。とにかく何かが起きたときには夫婦で協働していこうという覚悟が平時から必要だと思います。

小島　男性側も自分が責められていると思うので、完全に殻に閉じこもって、相手の話を聞かない、逃げる、威圧するといったかたちで、実際には動かないというケースは多々あるんですね。そして、何十年か経っている夫婦関係のメンテナンスができなくて「リセット」をする段階までいくケースも少なくありません。

　ですが、親子関係も夫婦関係もうまくいかなくて負の連鎖に陥っていても、女性側が経済的な自立ができなくて、結局リセットをしたくてもできない場合もありますよね。そのような状態のときはどうしたらよいか、何度か訊かれたことがあります。

　カウンセリングでその直接の回答をすることはできません。ただし、それはレアなケースではなく、この日本の社会のなかではそういう家族関係は少なくないということは知っていますので、その場合は、「優先順位として何を大事にして生きていたいかということを考えませんか」と言うんですね。

　もちろんお金がないと生きていけないですよ。しかし、それ以外で、自分の生活のなかでどれを大事にしたいかを考えてもらうんです。「母親」という役割を担っていると、人間としての自分というのを置き去りにして、その役割を最優先にしすぎて、自分の欲望を殺してしまいがちになるということを一度知ってもらうんです。そうでないと苦しいのではないでしょうか。

　それで何人かの方は、自分は「妻」でも「母親」でもあるけれども、「私」というひとりの人間でもあるんだ、ということが分かったときに、「私には私の考えもあるんだ、夫のためだとか子どものためだとかではなくて、私は私のために働く」と言って、パートに出られたんですね。

それで何が起きたかというと、夫がビビったんです（笑）。「あなたが私と対話してくれないから、私は私の心と対話した結果、外に行きます」と言った瞬間、お前に何が起きたんだ、と。それで「私と話をしたいのであれば、私の話を聞いてください」となったんですね。

何が言いたいかと言うと、会話の成立しない夫婦の場合は、まずは自分のなかの自分に問いかけて答えを出してみるというのも、ひとつの手ではないかということです。つまり、これは自己のメンテナンスですね。

斎藤　そのとおりだと思います。やはりお母さんのほうがどうしても弱い立場というか、自己主張しづらい立場にありますから。

先ほどもおっしゃっていたように、子育てに対していくら共同負担だと言っても、罪悪感や責任感を感じやすいのは母親のほうで、父親のほうはどうしてもその意識が希薄になってしまいがちです。母親が主体的な決断をする場合、強く自己主張を行うことを皆ができるかと言うと難しいかもしれませんので、そのぶん旦那さんの配慮というのが問われるかと思われます。

夫が家庭に責任を感じるようになるにはどうすればよいかというのも難しい問題ですが、やはり危機感というものが大切になると思います。何もなければ夫は何も考えないというところがありますので、小島先生がなさったようなことはときどきやったほうがよいかもしれませんね。もっとも、「ビビらせる」やりかたは、各家庭ごとにいろいろあるとは思いますけれども（笑）。

ただ、自分にも責任があるということを自覚する機会は、やはり危機の場合だけでなく、むしろ平時にこそあったほうがよいのではないかとも思います。ほんとうの危機のときに、いつも適切な判断ができるかどうかというのは保証できませんから。

子育てのタイムリミットを設定する

小島　もちろん、いくつになっても自立のタイミングやチャンスはきっとあると思います。ただ、私はある程度、子どもが自立にいたるまでのタイムスケジュールを準備しなければならないのではないかと思うんですね。

　私は仕事柄、不登校やひきこもりのお子さんをわりと早期から知る機会があるので、たとえば18歳の時に家を出なさいとか、早めの段階から息子たちに言うことができたんですが、そうしたことが必要なのではないでしょうか。

斎藤　実は、ひきこもり予防に関して、あまり公の場では語ったことのない秘策があるんです。お子さんが思春期を迎えた段階（かりに15歳としましょうか）で、親御さんがいつまで面倒を見るのか時間的リミットをきちんと伝えることです。

　それは、たとえば大学卒業まででもよいですし、それこそ25歳まででも30歳まででもよいのですが、いったん決めたらそれは変えない。とにかくリミットがあるという認識を親御さんもお子さんも双方でしっかり持つことは、ひきこもりの予防効果がおそらくかなり高いと思います。

　このリミットは、けっこうお子さんは受け入れますよ。思春期の子どもは表面的には反抗していても、意外なほど根は素直です。ただ、ひとつ大事なのは、思春期以前の子どもにこれをやってしまうと、「見捨てられる」という不安でかえってパニックになってしまうということです。思春期はちょうど親を「ウザい」と思いはじめる時期ですから、このころに親が面倒を見る時期はここまでと制限をかけても、逆にラッキーと思うぐらいで別に見捨てられる不安は感じにくい。仲間ができはじめて、親がほんとうに煩わしい存在になってくる段階ですから、この時期にそういう言葉は傷つかずに受け入れやすいんです。

子育てのリミットを設定するという宣言は、実は子どもに対してのものだけではなくて、親御さんの自覚のためのものでもあるんです。親も、子離れをする時期がいつか来るという自覚をちゃんと持つことが大事ですね。私が診ているひきこもりの患者さんの親御さんは、ほぼ例外なくこうしたタイムリミットについて考えていません。いつ子育てを終えるべきかということを、まったく考えないまま今日まで来てしまっている。

実際に子育てのリミットを設定をする家庭は少ないということもありますし、これには異論もあるでしょうけれど、やってみる価値は十分にあると思います。別にそれが、お子さんのトラウマになったりという懸念もありませんので。これはどちらかというと、親御さんが子離れをするために設定するタイムスケジュールですからね。

親御さんがお子さんに感情面で依存しているために、お子さんがそれを察知して結果として家から出られなくなってしまうといったことも意外と多いんです。たとえば、母親の夫婦2人きりになりたくないという感情の受け皿になってしまったり、さまざまな場合がありますが。

前も言いましたが、日本のひきこもり家庭のほとんどは「母子密着＋父親疎外」で成り立っています（第2章を参照）。この構造を変えられれば、ひきこもりは予防できるわけです。その工夫のひとつが、タイムリミットの設定であると私は確信しています。少なくともそれによる失敗事例というのはあまり聞いたことがない。

そしてもうひとつ、いままさにひきこもっているお子さんがいらっしゃるご家庭に本気で提案したいのが、さきほど小島先生がおっしゃったような「子どもの交換」です。これは子どもの側から見れば「親の交換」ないし「家の交換」ですね。

同世代でひきこもりのお子さんを抱えている親御さん同士が、一度子どもを交換してみるとよいと私は本気で思っています。これは親御さんに、お子さんとの適正な距離感を学んでもらうよい機会になるだろうと思います。よその子どもに言ってはいけないと思うようなことは、自分の子どもにも言ってはいけないんですよ。

実際、これは比喩としてもよく使います。わが子と適切な距離感をつかめない親御さんには、「それでは、親しい友達のお子さんをひとり預かっていると思って接してみてください」と言います。これは、不登校の家族会で、あるお母さんがおっしゃっていたご意見をそのままいただいたものなのですが、そういったかたちでイメージトレーニングをすれば、言ってよいこととといけないことの区別がつきやすくなりますよ、とよくアドバイスしています。

ただ、私はそれを比喩だけではなくて、実際にやってみてもよいと思っているんです。かなり突拍子もない提案かもしれませんけれども。

いくつになったら自立させるべきか

小島　斎藤先生のお話だと、（子育てのリミットとしての）自立の年齢は大学卒業時でも25歳でも30歳でもよいとのことでしたが、やはり私はそこに根拠がなければ、子どもは社会的弱者にされてしまうのではないかと思うんですね。

私は、自立にはいくつかの種類があると思っています。いちばん重要なのは、「精神的な自立」ですね。社会にいることはある面でストレスがかかるんですよ。でも自分のなかでそのストレスに向き合いコントロールするというトレーニングはご家庭のなかでもできると思うんですよね。緩やかなストレスというのは、どこにでもあるものですし、そういったストレスに対処していくことが精神的な自立のためには必要になります。

もうひとつは「経済的な自立」ですね。30歳、40歳になってひきこもっていると、親御さんは「自分が亡くなったあとに、この子はどうなるんだろう」という不安が出てくると思います。とはいえ、お金を残したりするよりも、1か月間一定の金額のお金だけでやりくりさせるとか、社会的な交渉の場（役所や銀行など）に行かせるとか、そういったことのトレーニングをして、社会的な自立をさせつつ、生活するのにどれくらいのお金が必要なのか、お金をどこでどういうふうに使っているのかを知らせたりすることのほうが大切です。

こうした精神的・経済的・社会的な自立のための緩やかな目標を年齢ごとに立てていかないといけないいんだと思いますね。自分の欲望とお金の折り合いのつけかただとかは、いくつになっても教えたほうがよいと私は思うんですよ。それが子育ての終わりに向かっていくためのタイムスケジュールを立てるためのひとつの方法ではないでしょうか。

斎藤　小島先生にとって、自立にいたるまでだいたい何歳くらいとか目標とされる年齢というのはありますか？

小島　ひとつの目標は、15歳で高校を決めるときですね。選んだ高校によっては、たとえばいまの地域に残ることもできるし、離れることもできる。いろいろなことを自分で変えられます。そのために自分でさまざまな状況をゆっくりと判断しなければならない。

中学校に入った段階からもう、「あなたは15歳になったら全部決められる」ということを伝えたほうがよいですね。高校進学は自分でものすごくいろいろ選択ができる、わくわくすることなのだという、そういうストーリーをつくるんです。ですから、そのつぎは18歳の大学進学のときですね。行先はべつに日本でなくてもよいのだし、選択肢はもっと広がるんだ、と。

つぎは23歳ですね。多くの場合は、大学を卒業する、あるいは高校卒業から5年経ったというひとつの節目です。そのつぎは27歳が大きな節目だと思っています。男性も女性も、22歳で働きはじめたとしたら、そこから5年経った転換期ですね。

斎藤　なるほど。とくに27歳というのは、社会的な自立の節目として、大きな説得力がありますね。順調に就労まで進んだ場合には、完全にではないかもしれませんが、経済的にも何とか自立できる見こみがつく時期ですし。

ただ、やはりいまは、20代で成熟するというのがなかなか難しい社会になっていますよね。就労したからといって、なかなか意識の上で自立しているとは言い切れない。

いまの日本は、学校社会と一般社会の価値観のギャップが大きすぎるんです。学校社会までは適応力がほんとうに高かったお子さんが、就職してからボロボロになっていくというケースはいくらでもあります。学校では通用したコミュニケーションスキルが一般社会では全然通用しないということが多すぎるんですよね。

このギャップはもっと縮める努力が必要なのですが、現状はすぐには変えようがない。いまの社会状況が当分続くという前提で言いますと、就職して一般社会に参加してから5年という節目が重要だ、ということですね。

医者の世界でも5年というのは、やっと万能感を卒業できる年齢とされています。医者になってから3年くらい経つと、「俺は何でも治せる」と思いはじめる。万能感の時期ですね。そこからさらに、さまざまな失敗を経て「せいぜい自分の力はこれくらいのもの」という自覚が芽生えはじめるのが5年目くらいと言われています。その意味では、まさに就労5年目こそが精神的成熟までの期間だと言ってよいのかもしれません。医者の場合は教育期間が長いので、それが30歳くらいになるのですが、ポイントは就労してから何年経ったかということですね。

「考えなければならない」文化の子育て

小島　いまのお話でもあったように、この30年ほどで社会が非常に激しく変化しましたが、いちばん大きく変わったのは教育でしょうね。現在の子どもたちのとくに学校内での集団性や関係性は、親が学校教育を受けていたころとは違ってきています。ですから、自分たちが受けてきた教育をそのまま伝承しようと思っても通じない部分が非常に多いので、親たちにも戸惑いがあるんです。

いま子どもはまったく別の社会・文化で成長しているのであって、親と子は別の時代の人間なんです。親は子どもを自分の思いどおりにしようとしたがりますが、それはお互いに非常にストレスのかかることであって、それは子育てにおいては通用しづらい価値観ですね。

斎藤　おっしゃるとおりで、文化の違いというものを考えていかないといけませんね。かつては、子育てのフォーマット（型）というものが整っていて、あまり頭を悩ませなくてもよかったわけです。年齢ごとに、やるべきことが決まっていた。たとえば就職のことひとつとってみても、かつては就職するのが当たり前の社会だったのが、いまは就職することが選択の問題となる社会ですから、全然異なりますよね。

結婚だってそうです。かつては本人がぼーっとしていても、親戚や上司が勝手にお見合いの相手をあてがってくれた時代があります。現在は「婚活」という言葉があるように、本人の選択の問題になっている。選択の問題になったということは、つまり「してもしなくてもよい」ものになったということですね。だから男性の生涯未婚率は、1975年の2パーセントから、2011年の20パーセントへと、10倍近く増加しています。

要するに、就職にしても結婚にしても、かつては自明であったものがどんどん崩れてきているわけで、いまはちょうど過渡期にあると思うんです。「考えなくてもよい」文化で育ってきた親御さんが、いちいち「考えなければならない」文化のなかで子育てすることを求められるようになったことで、さまざまな摩擦が起きてきたように思います。こうした大きな変化が起こりつつあるという現実に基づいて、覚悟を固めてわが子と向き合っていく必要があるのではないかなと思います。

お金の話こそきちんとすべし

斎藤　そこで重要になってくるのは、やはり金銭の扱いかたの問題ですね。私はひきこもりの家族会では本人にお小遣いはやってくださいと言っています。ただし、本人が必要なときに必要なぶんだけ与えるという方式はやめるようにと注意しています。この方式がいちばん多いんですが、これではまともな金銭感覚が育まれません。蛇口をひねると水が出てくる環境では、自分が使った水の量を気にする人はいなくなります。使えばなくなる、使わなければ貯まる。これがいちばん原始的な金銭感覚でしょう。

お小遣いの金額に一定の枠が与えられると、その枠内で自分がどう使うかを考えるようになりますので、金銭感覚すなわち最初の社会感覚が身につきます。ここから、将来は一定の給料のなかで自分の生活を営んでいかなくてはならないという認識にもつながっていくわけです。

さらにもっと話を広げると、私はほんとうは、本人に自分の家の家計の状況を把握してもらいたいと考えています。とくに、20歳を過ぎたくらいのお子さんには。以前、ひきこもっているお子さんに家計簿をつけさせているご家庭もありましたが、これはとてもよい工夫だと思いました。

たとえば自分が１か月生きていくのにどれだけのお金がかかっているのか（光熱費や食費など全部含めて）といったことを認識してもらうことは非常に大事です。子どもの経済的自立を願うのであれば、まずはそういったところから理解させないと、自立以前の問題になってしまいます。

日本の家庭の自立モデルというのは、儒教文化圏だけあって、まだ「親孝行」型なんですよね。家を出て一家を構えて一人前、ではなくて、家に留まって親孝行ができるようになって一人前、という考えかたです。だから親の側にも、どこかにまだ子どもに養ってもらいたいという欲望が潜在している。そのためか分かりませんが、なかなかこういったお金の話はしたがりませんね。お金の話をすると、どこかで子どもを切り離すことになってしまうと思っているのかもしれませんが。

それから、お金の話にもとづいたライフプランを立てること（第１章を参照）。これは、できるだけ早い段階でプランを立てることに意味があると思います。未来の予測は誰にもできませんが、お金に関してだけは、計算することである程度見通しを立てることが可能です。経済的事情は全部はっきりさせておいて、そのお金の枠内で生活するように示すことが望ましいと考えています。

小島　お金に関してもそうなんですが、やはり子どもを脅してはいけないですね。子どもは自立するまでは、すべてが脅威なんですよ。さらに言えば自立できないこと自体も実は怖いんですよね。

ですので、「お金がないからもう駄目なのよ」と言うのではなくて、「いまはこういう状況で私はこう考えているんだけど、あなたはどう思う？」というふうに自分の意見を出したうえで、相手の感想を求めるんです。この関係性は対等なものですよね。脅しはまったく意味がないということを知っていただきたいですね。

斎藤　まったく同感ですね。わざわざこうしたことを言っているのは、ほとんどのご家庭でご指摘のような脅しめいた発言をしているからなんです。たとえば「親はもう老い先短いのに、この先どうするの！」とか言うのはもう恫喝《どうかつ》ですよね。こういう言葉で人が動くと思ってはいけません。それは逆に人を萎縮《いしゅく》させるだけで、自発性を削いでしまうものです。

子どもに動いてほしければ、まずは正確なデータを与えるべきなんです。データをもとに一緒にどうするべきか冷静に話し合うのはよいことですが、脅すことからは何もはじまらないということですね。

夫婦間で人生のテーマを共有する

斎藤　こういう話で終わってしまうのも何だか寂しいので（笑）、何か前向きなご提案というのはないでしょうか？

小島　はい（笑）。それでは、ご両親もこれからの自分個人の生きかたのテーマを考えるべきだということについてお話ししたいと思います。

私は今年54歳になるんですが、50代になったときに、これから10年間、自分はどういうテーマを持って仕事をするのか、そして家庭で妻として、年老いた両親との関係のなかで、どういうふうに生きていこうか考えていこうと思ったんですね。そのことは夫にも両親にも息子にも言いました。

そして、夫ともこれからの２人の新しいテーマを見つけようと話し合いました。そうするといろいろ見直すべきことが出てくるんですね。私たちのテーマは動物を飼うことと、部屋の片づけです。そういうしかたで環境の変化とその際の見直しがあれば、わりと建設的な会話ができるなと思うようになったのがちょうど最近。50代に入ってから4年経ったくらいの頃ですね。

それでクライエントにも言っているわけですよ。環境の変化と見直しを含めたかたちでテーマを少し考えてみませんか、と。そう言うと、やはりいまの生活のなかでどこか引っかかるところがありますので、いろいろ考えが出てくるんですね。

それで、親が家のなかでバタバタ動いていると、子どもにも伝わるんですよね。親が変わることで子どもも自然に変わっていくということはひとつの突破口になるのではないかと思いますね。

斎藤　ありがとうございます。いま動物を飼うことがお話に出ましたが、ペットは関係のメンテナンスにおいて非常にプラスになる存在ですね。私の家でも3年前から猫を飼っているのですが、夫婦間で話題が枯渇しそうな危機を何度か救ってくれましたね（笑）。動物は「ノイズ」が多いので、つまりいろいろと予測できない変わった動きをしますので、そうしたものがよい共有体験になっていると実感しています。

あと、私の場合は、水戸の自宅が東日本大震災で軽微ながら被災したため、家のリフォームもひとつのテーマとなっています。どうしても男性は家のことは妻に任せっきりにしやすいものですが、そこはあえていろいろと自己主張をして意見を出しあったことがうまく機能しているのかなと思います。

ほかにもいろいろなところに機会は転がっていると思いますし、そうした機会を通じて夫婦関係のメンテナンスを行うことが、子育てというテーマにも直結しているということが、多くの人にも伝わるとよいと思いますね。

第4章のまとめ

・夫婦関係の「メンテナンス」をするという発想を。ポイントは、相互性のある会話を行い共通体験を増やすこと。

・自己の「メンテナンス」も。家族のなかの役割を優先するあまり、自分の欲望を置き去りにしないこと。

・子どもの自立のために、思春期を迎えた段階で、いつまで面倒を見るのかというタイムリミットを伝える。
・一定の枠内でお小遣いをどう使うかを考えさせるなど、子どもの経済的自立を助けることも大切。

第5章 役割意識について

正しい「親」のやめかた

ノンイベントという「石」にどう対処するか

斎藤　以前、小島先生は「イベント／ノンイベント」についてお話をされましたが（第2章を参照）、もう少しそのあたりをお聞かせいただければと思います。

小島　分かりました。「イベント」というのは、たとえば、小学校に入る・卒業するというような、一般的な人生における節目の出来事ですね。それは予測ができるものであり、範例があるものなので、スムーズにつぎの段階へ移行しやすいんです。

一方で、たとえば高校からの中退というような予期せぬ出来事（普通は中退を予定して学校に入ったりしませんよね）のことを「ノンイベント」と呼びたいと思います。本人も周りの人も、そんなことは起こらないという前提で進んでいるので、いざノンイベントが起きると非常にパニックになるんですね。

ただ、中退は予期せぬものかもしれませんが、「予兆」は必ずあるんですよ。この予兆に関して悪い影響を与えるのは、先に悪い出来事（ノンイベント）が起きると予測して、そうならないように行動していくことです。たとえば、子どもが人見知りが激しく、小学校で孤立するのではないか、非常に人づきあいが下手なケースでは、中学に入ってもいじめられてしまうのではないかと心配して決めつけてしまうことですね。

よくないのは、存在しない「石」を勝手に想像し、それに転んでケガをすることを恐れて、「石」のない道を行こうとすることですね。本人が「石」をどう避けるかを自分で考えるのはよいのですが、親が避けさせてしまったら、本人は「石」の避けかたとか転びかたとかを学ぶことができないんです。

ですから、親はあまりノンイベントを予想しすぎてもいけないんです。でも反対に、予想しておかなければならないこともある。ですから、その理解と判断をどう行うかということを親は自分で考えたり、周りのいろいろな人と話し合わなければならないのかなと思いますね。

斎藤　今のお話をうかがっていて、いじめの話を連想しました。いじめの専門家の話によれば、いじめの根絶というのは不可能に近いとされています。学校現場での予防も大切ですが、いじめが起こるのは学校だけではありません。いじめを見たことも聞いたこともなければ、現実にそういう場面に出くわしたとき、どう振る舞ったらよいか分からなくなってしまいますよね。ですので、そういうことが起きたあとでいかにきめ細かく対応するか、つまり、被害者・加害者双方の心をどう修復するかを考えることも大切になりますね。

「石」へのつまずきはどっちにしろ起こることですし、かりにすべてのつまずきを避けてしまったら、つまずきに対して「免疫」のない大人になってしまうでしょう。もちろん悲惨なつまずきは避けるに越したことはないんですが、より肝心なのは、つまずいた後でもきちんとケアされることのほうだと思います。

だから比喩的に言えば、はじめから完璧に舗装された道を用意するよりは、多少デコボコでつまずいたとしても、いつでもすぐに手当が可能、くらいの道を用意してあげるほうが、長期的には子どもにとってはよいのかなと思いますね。

ネガティィヴな出来事も学習の機会に

小島　私のキャリア論のベースになっているのは、スタンフォード大学のジョン・D・クランボルツ教授の「計画された偶発性理論」（Planned Happenstance Theory）なんです。これは１９９９年に発表されたもので、私がちょうどキャリアカウンセリングを勉強しはじめた頃です。

そのころのキャリア観では、「あなたは10年後に何をしていますか？」「10年後に向かってどういう計画を立てますか？」とかいうもので、私は違和感を感じていたんです。なぜかと言うと、当時私は40代だったんですが、自分自身30代のときに、（10年後に）公務員になって職業訓練学校の先生としてキャリアを勉強するとは自分でも想像もできなかったからです。それに、たとえば社会がこんなにインターネットで国境を越えて情報化されるなんて考えられなかった。それなのに10年後の計画なんて立てて、それに向かっていくなんて無謀じゃないの、って私は思っていたんです。

しかし、「計画された偶発性理論」では、「こんな社会変化が激しくてスピードの速い時代に、10年後、20年後の自分を考えるなんて意味がない。それよりも、いま起きた偶発的な出来事をいかに自分でうまく取り入れていくかが重要なのだ」と言っている。それはネガティヴなアクシデントであったとしても、その偶然は自分に起きた出来事なのだからポジティヴに捉えるべきだということですね。

そして、そこには5つの重要な要素があります。

①「好奇心」。自分の精神性を隠さないでオープン・マインドにしていくほうがチャンスがくるということです。
②「持続性」。自分で何かやろうというときは、納得いくまでやってみなさいということです。
③「柔軟性」。持続性も必要である一方で、こんなに時代が変化しているのだから、いままではそうだったとか決めつけないで、何でもありだと思うことも大切だということです。
④「楽観性」。とにかくすべてを楽観的に見ること。世の中のほとんどの人は悲観していても、ひとつでも楽観的な意見があれば、そちらに気持ちを切りかえなさいというものです。
⑤「冒険心」。起きたことはすべて学習の機会だと捉えなさいというものです。いじめ

や中退などに関しても、それが起きてしまった場合はそこから何を学ぼうかという姿勢をとるべきですね。

この理論をひきこもりの方にお話しすると、けっこう皆納得されるんですね。いままさに本人に起きていることが最大のピンチだと思っているかもしれないけれど、それを今後どういうふうに活かそうかなと考えてみることを勧めるんです。

斎藤　そうですね。実際、ひきこもりのご家庭はいまおっしゃったことのちょうど反対の要素を抱えていますからね。

むしろこれは家族のスタンスとしてもよいのかもしれませんね。とくに、子どもがひきこもりになったことをある種の学習の機会と捉えるというのは、大いにありだと思いますので。

日本的ダブルバインド

斎藤　たしかに楽観的になることは大事です。ただ、ひきこもりのご家庭には、楽観的とはまた違った意味で、「何とかなる」というあいまいな感覚があって、これは大いに問題なんですよね。「見ないふり」と言うか。

小島 それは「引きのばし」ですね。現実を直視していない。

斎藤 そうですね。一種の否認ですね。

小島 しかも、ひきこもりのご家庭は子どもの年齢を考えずに子ども扱いをする反面で、「もう30歳なんだから」「もう40歳なんだから」と、世間的な区切りのことに関しては非常にこだわっているんですよね。

斎藤 私はそういった態度を「日本的ダブルバインド」と呼んでいるんです。つまり、口では厳しいことしか言わない。一方で態度においては全面的に子どもの面倒を見てしまっている。これは言ってみれば、否定しながら抱きしめているかっこうになりますね。

普通、ダブルバインドと言うと、少なくともベイトソンのオリジナルでは、口では「愛している」などと言う一方で、態度が拒否的であるというパターンになりますが、この場合はその逆なんですね。口はキツいけど態度が優しい人というのが「人情家」として受け入れられやすいという土壌のせいもあるんでしょうが。

小島 「ツンデレ」と「オラニャン」ですね（笑）。この言葉、私最近知ったんです。たまたま大学でうちの女子学生が「私の彼はオラニャンですね」と言うので、何のことと聞いたら、普段は「オラオラ」と威勢がいいんだけど、パートナーと2人きりになると「ニャンニャン」と甘える男性のことだと教えてくれました（笑）。それを聞いてびっくりしました。

でも、たぶん日本では、本人は意識して使い分けているわけではないんでしょうが、そういう二面性が受け入れられやすいのかもしれないですね。

斎藤　二面性のある人のほうが、「キャラ」が立ってしまいますからね。実はこのあたりの問題は、さらに根の深いものがあるように思うんですが、とりあえず、子育てにおいてあまり露骨な二面性があるのは好ましくないとは言えるでしょう。

子どもが自信を持てなくなってしまった社会

小島　子どもを褒めない家庭はほんとうに多いですね。親が子どもを褒めないと、ひとのよいところを見つけられない子どもになってしまいます。

言わば相手も自分も「ディスカウント」（値引き）するようになるんです。「私なんかどうせ……」などと言って自分の価値を低く見積もるし、他人に対してもそういう振る舞いになる。それでは社会のなかでの生活がうまくいかないですよね。

斎藤　ひきこもりやニートの方に多く見られる自信のなさというのは、いまの「ディスカウント」のお話とけっこう根深く結びついている気がしますね。

その一因は学校教育にもあるのかもしれません。教育評論家の尾木直樹さんのお話なんですが、1992年以降、学校の評価システムが大きく変わったというんですね。「新学力観」というもので、知識・技能よりも関心・意欲・態度が問われるようになった。それまでは成績評価が圧倒的に優勢だったのに、これ以降はテストで100点満点をとっても、学習態度が悪ければ成績表の評価が「4」になったりとか。

つまり、成績が言わば全人的評価になってしまったわけですよ。それは一見よいことのように見えますが、それが適用された世界というのは非常に息苦しい。しかもそこでの実態として行われているのは、「評価」というよりはやはり「ディスカウント」なんですね。つねに値引きをされているという感覚がまとわりついているので、子どもたちは安心して自信を持つことができない。

ほんらい自信というものは、そういった評価とは別のところで確保してほしいんですが、いまの子どもは、自信の獲得と評価がセットになった狭い回路に閉じこめられてしまっている。ですから、この「新学力観」の導入後、子どもたちは異様なほど素直になったと言われていますね。まあ、この要因だけが問題だったのかは分かりませんが、時代の動向を象徴するような変化だったということでしょう。

小島　私が教えている学生のなかには、「自分の意見」を、と言われてもピンとこない学生もいますね……。

斎藤　ただ、就職活動時に膨大な枚数のエントリーシートを書かされたりしたら、自分の正直な意見なんて何の役にも立たないだろうという気持ちにもなりますよ。息子の就活を端で見ていて、つくづく実感しました。学生はあの経験で徹底的にニヒリスティックにさせられてしまうでしょうね。あの悪習は何とかならないものでしょうか。

小島　ちょっと話がずれるかもしれないんですが、いま、企業の人事が学生を見る視点と学生自身が学生を見る視点との間に大きなズレがあるのは間違いないですね。そしてそれは、親子関係についても言えるかもしれません。「うちの子はこうなんです」と親がつくった子どものイメージは、ほんとうは違うかもしれない。

もちろん斎藤先生のご家庭は、そんなにズレはないと思います。斎藤先生はちゃんと客観的な目でお子さんをご覧になっているし、コミュニケーションもしっかりなさっていて、お子さんがどんな特徴を持っているか理解なさっていると思いますから。

斎藤　そう言っていただけるとありがたいです（笑）。そうありたいとは思っていますが。

小島　それはすごく重要なことなんですよね。子どもの持っているキャラクター、能力、モチベーションが何に向いているのかを考えなければいけないのであって、どこでもよいから仕事をさせればよいのだというわけではないんです。

会社に入るときに問題になるのは、ほんとうはスキルではないんですよね。マインド（精神性）の問題です。精神性のあっている人たちが集まるんです。もうひとつは価値観です。どのようなことを大切にして生活しているかを見抜いて示唆を与えることが、子どもが社会に出るためには重要なんだと思います。

「ヨコ」軸ではなく「タテ」軸で見る

斎藤　若い人たちを見ていて気になるのは、何かを学んで自分が変わるとか成長するとか、そういった「伸びしろ」の可能性をはなから信じていない人がかつてより増えているような印象があることなんですよね。

たとえば、「自分にはセンスがないから○○はできません」とか言ったりする。この「センス」という言葉は、天性の資質みたいなものを表す言葉らしいんです。つまり、自分自身で変えようがないものが「センス」なんです。彼らは、どこかあっけらかんと「自分という人間はこれ以上変わりようがない」と決めつけているふしがあります。

小島　でも、ほんとうは若者ってやっぱり伸びるものなんですよね。私は大学で教えるようになって実感しています。伸びるきっかけは、それまでとは違う生活をするようになって、いろいろ気づくことが増えて、もっと自分は成長したいと感じたときですね。

去年、教え子で3週間フィリピンにインターンシップで滞在してきた学生がいるんですが、彼は私が会った当初、社会に興味が薄く、語彙《ごい》も少なかったので書く文章もとても読みづらいものだった。私は心配しながらインターンシップの推薦状を書いたんです。ところがインターンシップに行って帰ってきたら、すっかり見違えるようになって、俄《が》然《ぜん》勉強をするようになり、社会への興味が深まりました。それで「素晴らしい！　人間ってこんなに成長できるものなのね！」と褒めたんです。そうしたら、本人も「そうでしょ！」って（笑）。

斎藤　（笑）。彼は自分の成長を自覚できたんですね。

小島　そうなんですよ。でも、それに加えて、身近な人間が本人の成長を「すごいね！」と言いながら、つねに伝えていく必要があると私は思うんです。うちの息子2人はもう社会人になっているんですが、いまでも、「よくそれに気づくことができたね」とか「そういうことを考えられるようになったんだ」とか逐一言ってあげていますね。

子どもはときに傷つきながらも日々変化していくので、それを親や周りの人間がしっかりと受けとめて、言葉で返してあげなければ、子どもが伸びていくことも難しいのかなと思いますね。斎藤先生が前におっしゃっていましたけど、親は子どもの変化を見ているようで見ていないんですよね（第2章を参照）。

斎藤　ええ、見ていないんです。ただ、そこでも言いましたが、関係が近すぎて見えないということもあるんですよね。それに、よく見ていたとしても、減点ばかりしていたらまずいわけですし。減点思考では見えなくなるものもある。

小島　よく見るといっても、表面的なものを見るのでは駄目なんですよね。たとえば思慮が深くなったとか、いままでやらなかったことをやりはじめたとか、そういう内面的なところを見なければならないんです。

斎藤　表面的ということで言えば、どうしても「ヨコ」との比較で見てしまっているところがありますね。つまり、よその同世代のお子さんや、標準的な子どものイメージと比べてしまっているということです。ほんとうは、その子自身のなかで何が変わったかを、言わばその「タテ」の軸を見ていかなければならないんですけどね。この２つの違いは大きいと思います。内面的なものの変化はもっぱら「タテ」のほうからしか見えないでしょうし。

そういうふうに「ヨコ」軸で比べるような見かたは、子どもにも伝染《うつ》ってしまうんですよね。子ども自身が自分を「ヨコ」と比較ばかりするようになって、自分のなかの成長を確認できなくなってしまうんです。皆それぞれ人生経験は違うわけですから、そういうことをしてもあまり意味はないはずなんですが、この点も実に不幸なことだと思います。

小島　子育て関連の講演会に呼ばれたときに、お母さん方に向かって「親子がはじめて〝親子〟になったのはいつでしたか？」とよく聞くんです。自分がお母さんになったときのことを思い出してください、と。

子どもは無防備な裸のままで生まれて、しばらくは歩けない・しゃべれないという状態で、この子がひとりで生きていくことは無理なんだと感じたときのことを思えば、いま子どもがこうして存在しているだけでもものすごいことなんだと思います。

ですから私自身、わが子が生まれたとき、この子を絶対に他人と比較しないで育てようと心に決めたんですよ。ところが数時間後、新生児室にいる子どもを見て、さっそくよその子と比較していたんです（笑）。「隣の子はなんであんなにかわいいのに……」と（笑）。

それで私はたった数時間で初心を忘れてしまっていると反省したんです。わが子をよその子と比べないようにしようと決めた自分と、実際のところ比較してしまっている自分、その両方がいることを忘れずに子育てをしようと思いました。どうしてもほかと比べてしまう自分に気をつけようということですね。

ひきこもりと性差の問題

小島　ひきこもりは男性に多いと言われています。それはなぜかと考えているんですが、ひきこもりを抱えるご家庭の父親がよく「私の時代では考えられない」と言うことに最近気づいたんです。つまり、父親は子どもを自分と比較して優劣を考えているんですね。
ところが、母親は世間のなかで自分の子どもの優劣を考えている。母親がある種自分の作品のようにして育てている子どものことを、父親は自分自身と比較する。ここにひきこもりが男性に多い理由があるのかもしれないな、と。要するに、父親と息子が母親に対してある意味競っていると言いますか、何かそこにいびつなものがあるように思います。

それで、ひきこもっているのが女の子の場合は、父親はすごく子どもに対して甘いんですよね。甘やかすということで、子どもとの関係を保とうとしているんでしょうかね。

斎藤　ただ、女の子がひきこもっている場合は、母親と密着してタッグを組んで父親を疎外してしまうパターンが非常に多いんですよ。父親は、おっしゃるとおり娘に優しいので言いなりになるんですが、かわいそうなことに外に追いやられてしまうんですね。

小島　母子密着においては、母親が自分の存在意義を求めて娘と共依存していますよね。

斎藤　そうですね。「私がいなかったら、この子は……」という感じで、共依存してしまうんです。ここを変えようとしても、非常に抵抗が大きくてなかなか難しいんですが。

小島　母親の献身的な態度、つまり、そういったかたちで「母親という役割」を果たすことは日本の文化のなかでよしとされてきたから、どんな場合であっても評価されてしまうんですよ。母親という役割についての評価をよくするために無意識のうちにその役割にどっぷり浸かってしまっているんですね。

いまだに根強い古い男女観

小島　この本では、まずは夫婦関係を見直さない限り、親子関係の問題は解決しないのだということを繰り返し述べてきました。

ところが、いまの日本って新婚の3割ぐらいが「授かり婚」なんだそうです。それで、結婚と妊娠の順序が逆であるということでどういう弊害があるかと言うと、恋愛関係からぱっと夫婦関係を飛び越えて親子関係に移ってしまうということですね。

その一方で晩婚の夫婦は、お互いに個が成立してしまっているがために関係性をつくるのが難しくて、そのうえ子どもができてとてもストレスになっている。

斎藤　どっちの場合も適切な新しい関係性をつくるのが難しいと。

小島　そうなんです。ひきこもりの話に戻ると、ひきこもりの長期化によって、本人も、老後の親御さんも、個人としての生活が成立しづらくなっているわけです。

ですので、親子間の問題というのは、夫婦関係や家族関係における「個」の関係性がきちんとできていないことと大きく関わっているのだと思います。

斎藤　「個」の話で言いますと、「2ちゃんねる」などが典型ですが、日本のネットカルチャーでは匿名文化が非常に強いですよね。それはある種の集団文化とも言えなくもないですが。「フェイスブック」がしばらく伸び悩んだのは、やはり実名を出してヴァーチャルに人と結びつくのは怖いという意識があるからでしょう。

小島　いまのお話でちょっと思ったのですが、家族関係で言うと、たとえば私「小島貴子」という個人は〇〇の「母親」とかそういった役割でまとめられてしまうわけですね。

私がこうして家庭から社会に出て働いているだけで、「小島先生の旦那さん、たいへんでしょうね」とか「お子さん、寂しかったでしょうね」とか、けっこう言われるんですよね。あるいは「結婚なさっていないかと思っていました」と言われたりとか。

そうおっしゃるのは、まだ「昭和」を引きずっている方が主ですけどね。さすがに30代以下の方からそういうことを言われることはないです。ですが、私と同年代、昭和30年代～40年代生まれくらいの方は、親が昭和一桁生まれの世代なので、いまだに男女の役割分担に囚われていると思いますね。

斎藤　ただどうなんでしょう、いまの若い人たちもほんとうにそういう考えかたから解放されてきているのかというと、それも疑問と言えば疑問なんですよね。

小島　そうですね。ある上場企業の研修に出たことがあるんですが、そこの人事の方に30代後半くらいのクレバーな印象の方がいらしたんです。それで、研修が終わって食事に連れていったときに訊いてみたんです。「もしまったく異業種からヘッドハンティングで、年下の女性があなたの上司としてやってきたらどう思う？」と。そうしたら、その方は「たぶん、ちょっと受け入れられないかもしれません」と言ったんですね。

「それはどうして？」と訊いたら、「まず異業種からくるので、うちの会社の何が分かる、と思ってしまうかもしれない」と。それから、「やっぱり女性で年下の人間が自分の上司になることに対して、たぶんどこか自分のなかで納得が行かないような気がする」と言うんです。

斎藤　非常に正直ですね（笑）。

小島　ええ、すごく正直なんです（笑）。その方は「嘘を言ってもしょうがないからそう言いましたけど、多くの日本の男性はやはり受け入れにくいと思いますよ」と言っていましたが、やはりそうなのだろうなと。

ですから、たとえば男性が育児休暇を取るという考えや、男性が家庭のなかに入って女性が外で働くという考えがなかなか広まらないのも、そのせいかもしれませんね。

親子の役割が固定されてしまっている文化

小島　やはり「役割」意識が問題ですね。子どもが30歳になるまで子育てが続くということをメインテーマにお話ししてきましたが、それが良い悪いとかではなく、結論として、なぜそうなっているかを考えたんですよ。私の意見なんですが、親子関係・夫婦関係・家族関係の３つの関係は「役割」にしたがうというかたちで関係性をつくっていて、個人どうしの向かい合いができていないから、ということがあると思うんですね。

親子関係において、子どもには「男の子」「女の子」という性別での役割、「第１子」「第２子」……という年齢順での役割、そして何よりも、親にとっての「子ども」という役割がありますね。それで、「あなたは〝子ども〟の役割は終わり。私たちも〝父親〟〝母親〟の役割は終わり」というタイミングをやはり用意しないといけない。もちろん一生親と子という関係はあるのだけれど、どこかで役割を変えるということが必要なんだと思います。

それは夫婦関係についても、そうなんですね。夫婦関係は、はじめは恋愛をする「男」

と「女」なんですが、ところがそれが夫婦になったら「夫」と「妻」へ、子どもができたら「父親」と「母親」へと役割が変わっていく。この関係がうまく変更も修復もできていないのではないか。

斎藤　そうですね。それは「呼びかた」の話とも関わりますね。

小島　ええ、これについては私も斎藤先生もずっと違和感を感じていたわけです。たとえば対談のはじめにも述べたように、私はカウンセリングの現場で親御さんが「うちの子は……」などと言うのでいくつだろうと思ってお聞きしたら、40代だった、ということがありました。

たしかに親御さんにとって子どもは子どもであるけれど、世間で見れば成人と見なされる年齢のはずです。なのに、なぜひきこもりを抱えるご家庭の親御さんは、その本人のことを「うちの子」とずっと呼び続けるのかなと考えたときに、結局は親が「子ども」の役を降ろさせていないからなのかな、と。

それで、斎藤先生の『関係する女　所有する男』（講談社現代新書、２００９年）をもう1回読み直してみたんですが、そこに書かれている人間関係の方向性についての考察が、この話にもそのままそっくり当てはまるのではないかと思いました。

たとえば、私もずっと「女」としての役割で夫に向かい合うことは不可能なんですね。いちばん楽で成果の出る役割になろうと思うと、「母親」として子どもをよい子に育てるとかそういうことになります。

でもその「成果」というのは、子ども本人にとっては苦痛であることが多くて、そうすると、結局、母親の役割をまっとうすることに専念しているわけですが、子どもはそんな役回りは嫌だと感じて、関係がいびつになっていくのかなと思いますね。

斎藤　おそらく、世間というか社会のほうが、家族にそういった役割を押しつけてしまっているところも多分にあると思うんですね。

たとえば、成人していたとしても、その人が犯罪を犯した場合、必ず親のところにマスコミの取材が行って、親ともども批判されてしまう。つまり、世間では、子どもが成人していても親が存在していれば、親を責めてもよいのだという認識がありますよね。

かつては麗しい美徳として言われていましたが、「いくつになってもわが子はわが子」という考えかたがあります。そういうふうに、親子関係はいったん固定すると一生変わらないという発想は、「親孝行」という考えかたにひとつの原因があるような気がしています。

子どもによる親孝行がひとつの美徳であるとすると、いくつになっても親が生きている限り、子どもは孝行する立場という固定された役割が変わりませんよね。それが儒教文化に由来するものなのかどうかは保留としますが、そうした道徳観が親子の関係性の固定化に大きな影響を与えているのではないかと思います。ちょっと話が広がりすぎてしまうかもしれませんけれども。

それから、社会が子育てを親任せにしすぎている面がありますよね。最近話題の「親子就活」もそうです。就職活動という成人の務めであっても、親が出てくることが当然のごとく要求されるし、需要と供給が、どっちが先とも言えないくらいに絡み合っていると思います。親も参加したいと言うし、学校なども親に参加してもらったほうがうるさくないという感じなのかもしれません。

これは企業の人事関係の方などからよく聞く話ですが、就職して以降も、親が子どもの会社に電話してきて文句を言うといったケースもあるようですね。そういった子どもの未熟さや、親子がセットであることを前提とした社会構造が変わっていかないと。

小島　「親の顔が見てみたい」という言葉があるじゃないですか。それは斎藤先生がおっしゃったように、子どもが親の手を離れたことがいちばんの親孝行だという発想ではないんですよね。

斎藤　そうです。親と同居して、稼いで、親を養ってようやく一人前という状況が、いまだに続いているわけです。

小島　子どもはいったんは必ず外に出ていくというような、新しい文化をつくっていかない限り、たとえば、日本のひきこもりの増加という問題も解決できないと思いますね。

斎藤　そうですね。ただし、外への出しかたが問題です。子どもを外に出すときに、すでに経済的に自立しているのがいちばんの理想形ですが、なかなかそうはいかない。最初の助走期間だけでも、親が経済的な支援を多少はしなければならない時期があると思います。あまり性急に外に出してしまうと、ホームレス化してしまったりする危険性もあります。

あるいは反対に、親御さんが面倒を見すぎてしまう場合もありますね。せっかく別居をしているのに、親御さんがしょっちゅう食事を運びに行ったりしていて、何のために別居をしているのか分からないというようなケース。単身生活するさいの、しっかりしたルールや契約を考えておく必要がありそうですね。

相手の意見を引きだす「提案」を

小島　イタリア人はいまを楽しもうとし、日本人は未来のためにいまは我慢をする、と聞いたことがあります。それはイタリア人がもともと気楽だからというのではなくて、国が歴史的に占領されたりして何度も何度も領土が変わっていったので、「明日はどうなるか分からないのだから、今日を楽しまなければならない」という思いがあるからだそうなんです。

日本と同じく、イタリアの家庭も母性がとても強いんですよね。でも面白いと思ったのは、イタリアの親子は徹底的に話し合うそうなんです。ものすごくおしゃべりをする。その一方で日本の親子は「言わないでも分かるだろう」ということが多いですね。親子間で関係をつくっているようでいて、実はそのなかには何も生まれていない。お互いの言葉のキャッチボールがなされていないんです。

斎藤　家族内の役割が固定されてしまっているので、コミュニケーションも自動化してしまっているんです。「こういうときにはこういうふうにしゃべっておけば会話らしきものが成り立つだろう」というようなフォーマットがある。

ですから、あらたまって主体の欲望といったものを問われると、言葉に詰まりますよね。つまり、「あなたはほんとうは何がしたいのか」といった問いです。

小島　前に、「思考型」の会話のことについて話しました（第3章を参照）。相手が考えることを放棄している場合は、こうしなさい、ああしなさいと言ってもそれは聞き入れられないわけです。でも、たとえば「こういうパターンもあるんだけど、どう思う？」とか「あなたの考えはどう？」とかいう提案は、本人が返答をしなければならないので、無視や拒絶をする場合もあるんですけれども、提案をし続けていくと、本人の心のどこかにヒットすることはあるんですね。イエス／ノーを考えるだけでも膠着《こうちゃく》した思考はほどけやすくなります。

ですので、関係性を改善しようと思うのなら、会話を「思考型」に変えていくこともひとつの手ですね。

斎藤　質問攻めや、「こうすべき」という押しつけがまずいことは言うまでもないことで、「思考型」が望ましいのは分かりますし、私自身、ひきこもりの臨床でそれを勧めることが多いです。しかし、私の方法論のなかでひとつ限界を感じているのは、正しい提案というのが時としてマイナスになる場合があるんですね。

たとえば、ひきこもりのご家庭で、すごく気の利いたお母さんが熱心に情報収集をして、就労支援に関することとか本人に提案するんですけれども、あんまり先回りしていろいろと言いすぎるのもよくないんです。やはり自分で思いついたというところがどこかにないと、状況の進展を足止めしてしまうのではないかという気がするんですよね。このあたり、なかなかさじ加減が難しいのですが、「提案」もあまり的を射すぎないような配慮を多少考えなければならないのではないかと思います。

ところで、以前挙げておられた、「してはいけない5つのパターン」のなかにも「提案」というものがあったと思うのですが（第3章を参照）、そちらとの区別についてお教えいただければと思います。

小島　してはいけない5パターンのなかに挙げた「提案」というのは、押しつけの提案ですね。それは「私はこう思う」と言っているだけで、「あなたはどう思う？」と聞いているわけではありません。つまり、自分の意見を押しつける提案と、相手の意見を引きだす提案、この2つがあると思うんです。

斎藤　「私は○○だと思う」と言うのは、アイメッセージ的で一見よいように思われるんですけれども（第１章を参照）、場合によって、あるいは言い方によっては、決めつけ以上の押しつけになってしまう可能性があるわけですね。やはり言いかたが非常に大事ですね。

親子セット文化のよい面と悪い面

小島　成人の子どもに対しても親は「保護者」かつ「保証人」とされるんですよね。

斎藤　そういうとき社会のほうも「親子セット」で考えてしまうんですよね。

小島　そうなんです。成人した人間が第三者を保証人として立てるというのは分かりますが、その保証人のなかに親も加えられてしまうんですよね。

斎藤　そうした文化のよい面をひとつあげるとすると、親子セットで責任を分担することで、若者の社会参入を支援しやすくなる点ですね。

親子セットの発想は、若者の反社会性を抑えこむことにも貢献していると思います。日本の若者の異常なほどの犯罪率の低さは、この親子セット文化のもたらすメリットである面が大きいと思います。

ですので、この親子セット文化を根こそぎにしてしまうと、今度は若者のホームレス化や犯罪が増加する可能性もあるんですよね。親子セット文化のよい部分をできるだけ残しつつ、それぞれの個の自立を促すということを目指さなければならないと考えています。

小島　いま世界人口が70億人で、そのなかで中国人とインド人が25億人近くを占めている。この世界のなかで日本の子どもたちも生きていくことになるわけです。このようにグローバル化する世界のなかでは、日本人特有の性質をかえって活かせるのではないかとも思っているんです。

たとえば、勤勉であること。集団（組織）で動けること。清潔であること。正直であること。貢献性が高いこと。他者に対しての思いやりが持てること。これらはどんなに外国人の優秀な人に教えてもなかなかできないと聞きます。

日本の子育てにおける「ほかの人に迷惑をかけないようにしなさい」、「嘘をついてはいけません」、「集団のなかで仲良くしなさい」といった教えは、日本が生き残るための非常に大きな財産なのだと考えています。

そのうえで、自分で考えて他者に言葉で伝えるというコミュニケーション能力を、もう少し家庭のなかでも養うことができると、今後の社会はとてもうまくいくと思っていますね。

「ゴミを勝手に捨ててはいけない」とかは日本人が礼節として当たり前のようにやっていることですよね。こういったことができていれば、かりにひきこもっていても働く場所はこれから世界じゅうにあると思っています。

思春期以降のしつけは意味がない

斎藤　いまのお話を聞いて連想したのですが、私は人間の基本的な倫理的価値観というのは、子ども時代に家族によって有無を言わさずインストールされてしまうものだと考えているんですよ。

基本的価値観って、有無を言わさない、理屈じゃないところがありますよね。理屈で突き詰めだすと、「なぜ人を殺してはいけないのか？」みたいなくだらない議論がでてくることになってしまうわけです。「くだらない」というのは、そもそも価値観は論理的に根拠づけられないことは、哲学的に証明されているからです。「悪い者は悪い」といったような一種自明なことについての価値判断能力が植えつけられるのは、思春期以前です。いまおっしゃった日本的美徳の教えも、基本はこの時期にインストールされるものですね。

日本の子育ては、一般的に見ると、思春期前までの時期は比較的うまくいっていると思うんですよ。でも思春期以降はまずくなる、というか下手になる。なぜかと言えば、「どうしてよいか分からない」からですよね。思春期を迎えて性的存在になったわが子にどう向き合ったらよいか分からない。それでしかたなく、それまでの慣れ親しんだ思春期以前の親子関係の枠組みにしがみついてしまうわけです。

私の持論では、しつけは思春期をすぎたらもう意味がありません。にもかかわらず、多くの大人たちが、思春期以降の子どもにも、しつけというかたちで接してしまうんですね。しつけをするということは、つまり相手を半人前扱いするということです。一方では半人前扱いをしておきながら、別の場面では大人としての態度を要求するといった、矛盾した接しかたをしてしまうことになるんですね。このあたりも、思春期以降の子育ての難しさの一因なのかも知れません。

小島　いま斎藤先生がおっしゃったように、子どもが思春期を迎えて性的な存在になったときに、男の子だったら母親が、女の子だったら父親がすごく戸惑うのはたしかですね。同性であれば、どんなふうに変化が起きるか分かるし対応できるのだけれど、異性だとそれが分からないですから。

でもこれはむしろよいタイミングであって、自分の子どもが性的な発達の時期を迎えたときに、つまりこれから大人に向かっていくときに、一度、夫婦で話し合って、子どもを見守る態勢に移ったほうがよいと思います。子どもに何か言ってもしかたがない時期があるのだと考えて、我慢して見守る時期があると思います。

子どもにも伝えたほうがよいと思います。たとえば、「これから体の変化もいろいろ起きて大人になってくると思うし、私たちにいろいろ言われたくもないでしょう。18歳まではこちらで全部責任を持つ。基本的にあなたたちは悪いことをしたいと思ってすることはないと思うけど、ひとに迷惑をかけてはいけない。できるだけ誠実に生きていきなさい。それで、あなたたちを助けられるのは、親の私たちしかいないんだから、困ったときは早く助けを求めてね」……そういう話はどうでしょう。

「契約」というかたちでの信頼関係

斎藤　そのアドバイスはシンプルでいいですね。ある意味大人のほうの覚悟も問われているわけですから、そのぶん信頼されるんじゃないかと思います。ところで、ここでぜひお伺いしたいのですが、小島先生はお金の話はどれくらいされましたか？

小島　月々のお小遣いの金額をちゃんと話し合って確認しましたね。うちでは、息子たちが自己申告で月々これぐらい使いたいというのを、年1回、お正月のお年玉をもらうときに「団交」していたんです（笑）。

斎藤　それは素晴らしい（笑）。いや、ほんとうにそうなんです。とくにひきこもりのお子さんを抱えるご家庭には、そういうふうにして交渉してほしいんですよね。欲しいときに欲しいだけお金をあげるというのではなくて。学生のうちはまだよいかもしれませんが、成人になってしまいますと、金銭感覚が非常にいいかげんになってしまいますからね。

小島　それと、うちの場合でもうひとつよかったなと思うのは、子どもが高額なものを欲しくなったときに、理由が納得できたら夫が必ず「借用証書」を書いて子どもに前借りさせたことですね（笑）。

それで月々お金を返させるんです。それでお金を返し終わったら、夫は子どもに必ず言うんです。「ちゃんとお金を返したので、お前は信用がある」と。

斎藤　そういうふうにして大人としての信頼関係を「契約」というかたちで築きあげるというのは、とても大切なことだと思いますね。思春期以降は特に、親子の関係のなかで

「契約」という発想が大切になってくると思います。以前お話しした「以心伝心」（第3章を参照）ではないですが、そういうことってあいまいにされやすいんですよ。

重要なのは、しっかり交渉をすることです。たとえば、子どもが「○○が欲しい」と言ってきたときも、その理由が「皆が持っているから」では全然説得力がないわけですね。なぜ必要かを子どもがちゃんと説明できてはじめて買ってあげる。それくらいの態度が必要かと思います。

小島　結局、多くの家庭は、しつけ的な決めごとは多い一方で、いまお話したようなかたちで、本人に考えさせたりする機会というのをあまり与えていないんですよね。

子育ての節目に「引き算」を

小島　子育てが長期化していると言っても、親はどこかの時点で子どもを社会に接続させなければならないわけです。斎藤先生はその「区切り」はどうやって設けるべきだと思いますか？

斎藤　これは前章でも申しましたが、やはり親が子育てのタイムスケジュールを決めておいて、そのリミットの時期に子離れをするのだとあらかじめ宣言をしておくべきだと思いますね。あとは毎年それを再確認していくという流れです。そうすれば、子どもも自分からそれに合わせて動いていかざるを得ませんから。

しかし、そういうことをせずに、何となくあいまいに保護する・される関係というのを続けていくと、タイミングを逸してずるずるいってしまうおそれがありますね。

小島　私もさっき言いましたように、子どもが思春期を迎えて性が芽生えた頃に、いったん夫婦で子どもに対して、「おまえたちはこれから大人になっていくから、子育てのしかたをこれから変えていく」ということをちゃんと言葉にして、これまでの関係を見直していくことで区切りをつけるべきだと思います。

関係の見直しをすること、斎藤先生の言葉で言えば「関係のメンテナンス」ですね。そして、この関係のメンテナンスは、おそらく「イベント」において、つまり、子どもが小学校、中学校、高校、大学あるいは社会へと居場所を変えるときに行うのがよいと思うんですよ。

ただし、それは子どもたちにもちゃんと言葉で伝えなければいけない。たとえば子どもたちが中学校に進学したときに、「これまではこういうことをやってきたけど、これはやめよう、これは続けよう」というふうに。

たとえば、もう一度うちのお小遣い制度の話をしますと、私たちは子どもたちが小学生のときまでは、日払いのお小遣いにしていたんですよ。50円とか１００円単位にして。それで、彼らが中学校に上がったときに、先ほどもお話したとおり、月払いにして、お金の管理を新たなかたちでさせたんです。そして年1回の「団交」をさせる。

そして高校に上がったときに、今度は「借金」をしてもよいということにしたんです。このように、小・中・高と子どもの居場所が変わるたびに、少しずつ成長に合わせて関係性を変えていったんですね。家族の関係性は日々変化していきます。ですので、イベントのたびに見直しをしていく必要があります。それは親と子で見解が一致する項目をつくるためでもあるんですね。

それでやはり大切なのは、イベントのたびにどんどん「引き算」をしていくことなんですね。いままでやってきたことを「やめる」ことを心がけないと駄目なんだと思います。そうでなければ、ずっと関係性は変わらないままになってしまう。

斎藤　イベントのたびに宣言をして、再度「契約」をする。そうして関係性にきっちり別の枠組みを新たに設けていくことが必要ですね。

たとえば家事の手伝いにしても、「もうそろそろこれをやらせるか」というように場当たり的にさせても効果がないでしょうね。イベントの節目節目にきちんと機会を用意するべきですね。

小島　節目に「引き算」を、ですね。

斎藤　親が果たしてきた保護的な役割をひとつひとつ「引き算」して、本人の自立した判断にまかせていく、ということですね。お小遣いのことなどに関しては「足し算」もありますね。

小島　そうですね。「引き算」については、子育てでこれまでやってきたことをやめること、それは子どもの自立を意味します。まとめますと、節目のたびに親子間の「契約」と関係のメンテナンスをしていくという発想が大切だということですね。

第5章のまとめ

・あまりノンイベント（予期せぬネガティヴな出来事）を予防しすぎないほう

がよい。ネガティヴな出来事もまたひとつの学習の機会になる可能性がある。

・「ヨコ」との比較で子どもを評価するよりも、子ども自身の成長を見てあげるべき。自分のなかの成長を確認することで本人の自信が形成される。

・思春期以前と以降での子育ての切り替えが大切。大人としての信頼関係を「契約」というかたちで築きあげる。

・親子は自分たちの「役割」を終えるタイミングを用意しないといけない。あるいは、子育てでこれまでやってきたことを「やめる」。節目（イベント）のたびに親子関係のメンテナンスを。

おわりに

ひきこもりの臨床にかかわって、四半世紀を超えた。この間、私は専門家として、さまざまな角度から「ひきこもり」の問題をとらえてきた。社会学的視点、哲学的視点、さらには経済的視点など。中でも本書は、「子育て」という視点からひきこもりとその周辺の問題にアプローチしたという意味で、かなりユニークな本になったと思う。

本書は必ずしも「ひきこもり」のみを対象としたものではないが、成人以降も親子が同居し続けることから生じてくる問題、ということになると、どうしてもひきこもりやニートの存在が中心にならざるを得ない。

本文にもあるように、共著者の小島貴子先生とは、福島県で行われた就労支援をめぐるシンポジウムの席で初めてお会いした。キャリアカウンセラーや就労支援関係の人と話が合うことはめったにないので、大丈夫かな、と思っていた。しかしいろいろ話すうち、支援現場の方法論としてはほとんど同じことを考えていることがわかって驚いた。

とりわけ家族介入の方法論、というか基本的発想が似かよっていたのは嬉しい驚きだった。これがきっかけとなって、互いに呼んだり呼ばれたりしつつ、何度もお会いしてお話しする機会があった。そうやって話せば話すほど、方法論というか、背景にある考え方が同じであることを確信するに至った。

私は基本的に、当事者の立場に立って、家族に対し「こうあってほしい」と伝えることを中心に考えてきた。しかし小島さんはそれだけではない。実際に2人のお子さんを立派に育てられた経験から、しっかりとエピソードの裏付けのある方針をいくつも出されている。

子育てということについて言えば、実は私は、思春期前の子の育児に関わった経験がない。再婚していきなり思春期の息子ができたため、そこから以降の関わりなら実体験として語れるが、やや特殊なものになるだろう。息子もなんとか就職までこぎつけたので、とりあえず子育てについて語る最低限の資格はあると思うが、小島先生の分厚い経験には及ぶべくもない。

ところで本書のアイディアは、数年前から小島先生との雑談の中で出ていたものだ。当初は『30歳までの子育て』という本が書きたい、と言われていたので、それは画期的なのでぜひ書いて下さい、とお願いした。思春期前までの子育て本は無数に出版されている。しかし、われわれから見て最も重要な思春期以降、さらに成人して以降までを射程にいれた本はほとんど見あたらない。ニーズは必ずあるはずだと確信した。

私としては一刻も早くその本を読みたいし、いっそ対談本という形で出すだけ出してしまおうと考えて、ちょうど私の担当をしてくれていた青土社の渡辺さんに相談してみたら、幸運にも企画が通った。

そこで朝日カルチャーセンターで2回に分けて子育て対談をさせていただいた。お読みになればおわかりの通り、対談と言うよりは、実質的には私から小島先生へのインタビューである。幸い参加者も多く、やはり関心の高い問題なのだとの思いを新たにした。2回ではとうてい語りきれなかったので、後日もう一度対談を追加してまとめたものが本書である。

ここに記された具体的な方法論は多岐にわたるが、基本的発想はシンプルだ。「公正であること」と「言葉」の大切さ。成人年齢を過ぎた子を扶養している家庭では、基本的に

「親子関係」はカッコに入れたほうが良い。むしろ「たまたま縁のある大人が共同生活をしている」というイメージでとらえるほうが、すっきりと問題を整理できる。

小島先生との対談は、笑えるエピソードあり、はっとさせられる洞察ありの楽しいものだった。自分の対応の基本姿勢はそうズレていなかったことを確認できたし、臨床場面に「子育て」という新しい視点を導入してくれたことに、あらためて感謝したい。

編集を担当した渡辺和貴さんには、対談のテープ起こしから文章化までの作業を的確かつスピーディーにこなしていただいた。当初の予想以上にスムーズに本書が完成したのは、渡辺さんの力によるところが大きい。記して感謝したい。

二〇一二年六月十日　水戸市百合ヶ丘にて

斎藤　環

新装版に寄せて

小島貴子先生との初の共著である本書が出てもう7年、早いものです。類書がありそうでない内容の本だったせいか、出版後、とくにひきこもりの家族や支援者から多くの好意的な反応をいただきました。ちょうど同じ年にひきこもりのライフプラン本を出したこともあり、昨今「８０５０問題」などと騒がれているひきこもりの高齢化を予見したかのような内容になったのでは、と自負しています。

ひきこもらないまでも、成人してからも親と同居を続ける我が子といかにつきあうか。その意味でこの本は、「子育て」という視点から語られた家族論です。対話を大切にすること、「親子関係」はカッコに入れる、夫婦関係のメンテナンスをしっかりやるなど、ひきこもり高齢化時代を迎えた現代にもそのまま当てはまる内容になっています。

この新装版で、新しい読者との出会いが増えることを願っています。

二〇一九年一月

斎藤　環

本書は、２０１２年２月７日・３月６日に朝日カルチャーセンター新宿教室で行われた対談「子育てが終わらない――30代までの子育て」と、新たに語りおろした対談をまとめ、再構成および加筆・修正をしたものです。

小島貴子（こじま・たかこ）

1958年生まれ。キャリアカウンセラー。埼玉県庁職業訓練指導員、立教大学大学院ビジネスデザイン研究科特任准教授などを経て、現在、東洋大学理工学部生体医工学科准教授。元埼玉県雇用・人材育成推進統括参与。キャリアカウンセリングのアプローチで就業困難者やひきこもりの支援を多数行っている。主な著書に『就職迷子の若者たち』（集英社新書）、『女50歳からの100歳人生の生き方』（さくら舎）、『美キャリア』（カナリアコミュニケーションズ）などがある。

斎藤 環（さいとう・たまき）

1961年生まれ。精神科医。筑波大学大学院医学研究科博士課程修了。医学博士。爽風会佐々木病院診療部長を経て、現在、筑波大学社会精神保健学教授。専門は思春期・青年期の精神病理学、病跡学、ラカン派精神分析学。「ひきこもり」問題の第一人者として臨床研究と支援を行っている。また、マンガやアニメ、映画などのサブカルチャー批評家としても知られる。主な著書に『生き延びるためのラカン』（ちくま文庫）、『世界が土曜の夜の夢なら』（角川文庫）、『ひきこもりはなぜ「治る」のか？』（ちくま文庫）などがある。

子育《こそだ》てが終《お》わらない　「30歳成人《さいせいじん》」時代《じだい》の家族論《かぞくろん》　新装版《しんそうばん》

2019年2月20日　第1刷発行
2019年3月1日　第1刷発行

著　者　小島貴子《こじまたかこ》＋斎藤 環《さいとうたまき》

発行者　清水一人
発行所　青土社
〒101-0051　東京都千代田区神田神保町1-29　市瀬ビル
電話　03-3291-9831（編集）　03-3294-7829（営業）
振替　00190-7-192955

印　刷　ディグ
製　本　ディグ

装　幀　ミルキィ・イソベ
カバー・表紙画像　@ Victory-stoker / depositphotos

ISBN978-4-7917-7143-1